DAS SPANISCHE KOCHBUCH

area

Die Area Verlag GmbH dankt der Christian Verlag GmbH München für
die freundliche Erlaubnis, sich bezüglich des Erscheinungsbildes dieses Kochbuches
am Erscheinungsbild des Werkes „Das türkische Kochbuch" aus dem Christian Verlag zu orientieren.

Das spanische Kochbuch

Einbandgestaltung: PM-Services, Leverkusen
Einbandabbildungen: ID Image-Direkt GmbH, Illustration: Aleko
Satz & Layout: PM-Services, Leverkusen
Abbildungen: P. C. Fotostudio, ID Image-Direkt GmbH
Druck und Bindung: Mladinska Knjiga, Ljubljana
Printed in Slovenia 2003

ISBN 3-89996-067-X

Das SPANISCHE Kochbuch

area

Vorwort

Spanien – das wohl beliebteste Urlaubsland der Deutschen – ist kulinarisch so vielfältig wie das Land selber. Das bekannteste Gericht, das so mancher Urlauber mit dem Land in Verbindung bringt, ist sicher die Paella, dazu das typische Getränk Sangria, die erfrischende Rotweinbowle. Beides ist in den touristischen Hochburgen überall erhältlich und wird fälschlicherweise gerne als Grundstein der spanischen Küche betrachtet. Dabei hat Spanien darüber hinaus weit mehr zu bieten.

Madrid mit etwa fünf Millionen Einwohnern ist die Hauptstadt des Landes und wirtschaftliches als auch kulturelles Zentrum. Zuwanderer aus allen Provinzen bevölkern die Stadt und spiegeln die Kultur des ganzen Landes. In der Altstadt Madrids werden Spezialitäten aus allen Regionen der Halbinsel angeboten und der Besucher hat hier die sprichwörtliche Qual der Wahl.

Spanien zählt etwa 40 Millionen Einwohner mit vier verschiedenen Sprachen (Galizisch, Kastilisch, Katalanisch, Baskisch) und unterteilt sich in siebzehn Regionen mit den unterschiedlichsten Landschaften. Den Hauptanteil mit über 72 % macht die kastilisch sprechende Bevölkerung aus.

Die Halbinsel grenzt im Nordosten an Frankreich und Andorra, im Westen an Portugal. Zu Spanien gehören außerdem die Balearen und die Kanarischen Inseln.

Man kann sich leicht vorstellen, dass diese unterschiedlichen Landschaften – vom waldreichen Katalonien bis hin zu den auf der Höhe von Afrika gelegenen Kanarischen Inseln – eine Vielfalt von Genüssen bietet.

Darüber hinaus wurde im Laufe der Geschichte Spanien von vielen Völkern erobert. Als besonders nachhaltig hat sich die jahrhundertelange Herrschaft der Mauren erwiesen, deren Wirken sich noch heute in der Architektur, wie z. B. der Alhambra in Granada, und an den Kochgewohnheiten des Landes verfolgen lässt. Aber auch die Pilger auf ihrer Wanderung nach Santiago de Compostella brachten Einflüsse und Anregungen für die spanische Küche aus den verschiedensten Ländern mit. Nicht zu vergessen die Eroberer der „Neuen Welt", die von ihren Seefahrten nicht nur Gold und Diamanten mitbrachten, sondern auch Wirtschaftsgüter, Pflanzen und vor allem unbekannte Gewürze wie Pfeffer und Zimt.

Da Spanien von drei Seiten vom Meer umschlossen ist, stellen Fische und Schalentiere einen wichtigen Bestandteil der täglichen Tafelfreuden dar. Merluza (Seehecht), Lenguado (Seezunge) und die Zarzuela (Eintopf aus Fisch und Meeresfrüchten) sind in ganz Spanien bekannt und geschätzt. Ebenso finden sich in jeder Kneipe oder Bodega die beliebten Tapas (Appetithäppchen). Sie reichen von einem Schälchen würziger Oliven bis hin zum delikaten Jamón Serrano (luftgetrockneter Schinken), der in hauchdünne Scheiben geschnitten gereicht wird. Ein Glas Sherry oder Vino Tinto runden den Genuss für den anspruchsvollsten Feinschmecker ab.

Jede der einzelnen Landesregionen wartet natürlich mit eigenen regionalen Spezialitäten auf:

Katalonien mit seiner wunderbaren Crema Catalana (Karamellcreme), Valencia mit der berühmten Paella. Der Obstgarten von Andalusien mit seinen Apfelsinen, Zitronen und Olivenhainen.

Das eher feuchte galicische Klima sorgt für saftige Weiden und damit für hervorragendes Rindfleisch. Kräftige Eintopfgerichte und eine Fülle von Kuchen und Süßspeisen zeigen den kulinarischen Reichtum dieser Region.

Papas arrugadas (Runzelkartoffeln) mit Mocho Picón (scharfe rote Paprikasauce) sind eine Spezialität der Kanaren. Im warmen Lavagestein wachsen die Kartoffeln heran, werden in grobem Meersalz gekocht und mit einer scharfen Sauce serviert. Dieses einfache Gericht bildete neben dem Gofio, geröstetes, gemahlenes Getreide, die Grundnahrung der Guanchen, der Ureinwohner der Kanaren.

Wir hoffen, dass dieser kulinarische Spaziergang durch Spanien und seine Provinzen Ihre Neugier entfacht, und wünschen viel Spaß und Genuss beim Nachkochen der spanischen Spezialitäten.

Inhalt

Galicien

Ganz im Nordwesten von Spanien, an der Atlantikküste, liegt das eher karge Galicien. Die Region ist durch die Nähe zum Atlantik unübertrefflich reich an Fisch und Meeresfrüchten. Hummer, Austern und eine Vielzahl von Muschelarten finden sich auf dem Speiseplan. Darunter auch die Jakobsmuschel, deren Schale das Wahrzeichen der mittelalterlichen Santiagopilger war. Noch heute nehmen es Menschen auf sich, den Jakobsweg in mühevoller Wanderung bis nach Santiago de Compostella zu erwandern. Das eher feuchte galicische Klima sorgt aber auch für saftige Weiden und damit für hervorragendes Rindfleisch. Kräftige Eintopfgerichte, Fisch, Meeresfrüchte und eine Fülle von Kuchen und Süßspeisen zeigen den kulinarischen Reichtum der Region.

Galicien

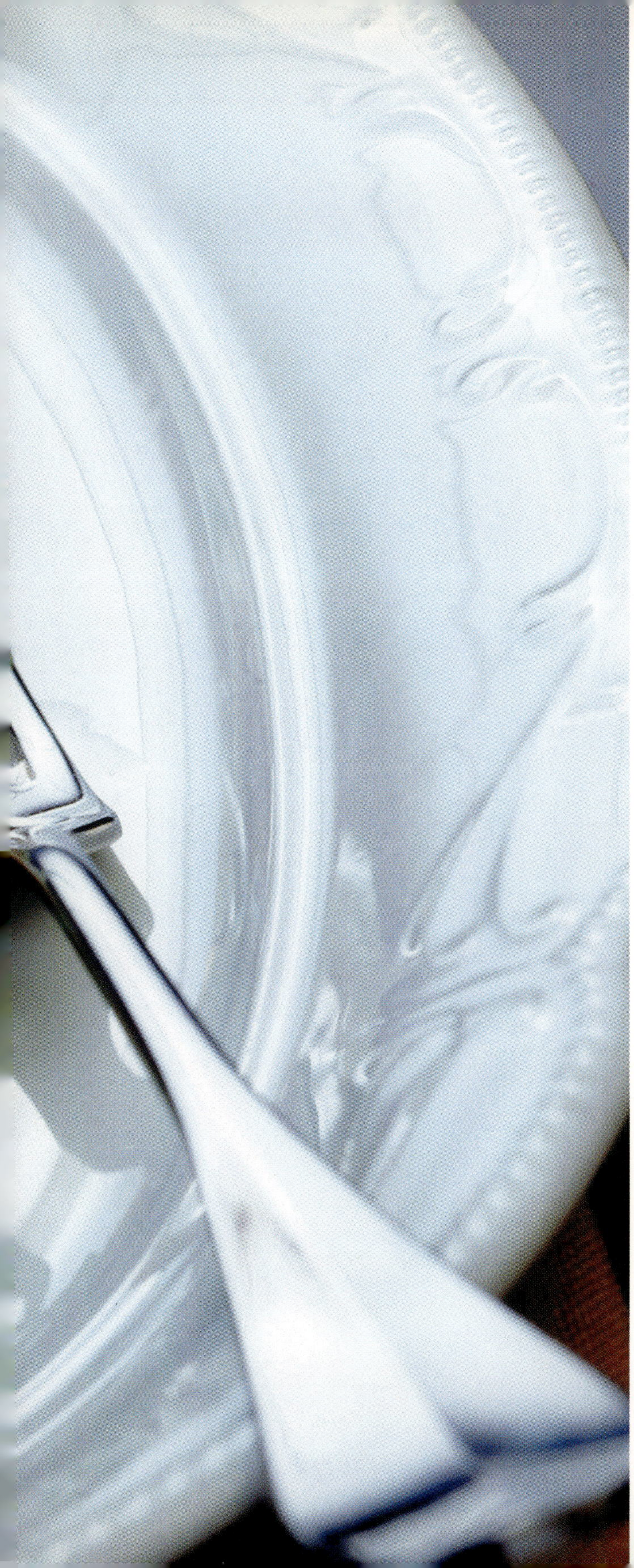

Vorspeisen und Salate

Carpaccio de bacalao

Carpaccio vom Kabeljau

1. Den Fisch waschen, abtrocknen und in einer Folie 2 Stunden im Gefrierfach anfrieren lassen.
2. Die Folie entfernen und den Fisch mit einem sehr scharfen Messer in hauchdünne Scheiben schneiden.
3. Die Scheiben schuppenförmig auf vier Teller verteilen, mit Zitronensaft säuern und salzen. Pfefferkörner in einem Mörser zerstoßen und über den Fisch streuen.
4. Das Olivenöl darüber träufeln und mit einer halben Zitrone garnieren. Noch kalt servieren.

Für 4 Personen

750 g Kabeljaufilet
2 El Zitronensaft
Salz
1/2 Tl schwarze Pfefferkörner
1/2 Tl rote Pfefferkörner
3 El Olivenöl
2 unbehandelte Zitronen

Für 4 Personen

1 römischer Salat
2 Paprikaschoten
4 Tomaten
1 Zwiebel
250 g Thunfisch (aus der Dose)
2 hart gekochte Eier
100 g Oliven
250 ml Olivenöl
4 El Essig
Salz

Ensalada mixta

Gemischter Salat

1. Den Salat waschen und die Blätter zerpflücken. Die Paprikaschoten waschen, entkernen und in Stücke schneiden. Die Tomaten waschen und vierteln. Die Zwiebel schälen und in Ringe schneiden.
2. Auf einer Platte den Salat, die Paprikastücke, die Tomatenviertel und die Zwiebeln anrichten. Den Thunfisch aus der Dose nehmen, das restliche Öl abgießen, in Stücke zerpflücken und darüber verteilen.
3. Die Eier pellen, vierteln und zusammen mit den Oliven auf den Salat geben.
4. Öl, Essig und Salz miteinander verrühren und über den Salat träufeln. Den Salat bis zum Servieren kühl stellen.

Für 4 Personen

1 Tasse Reis
Salz
1 Dose Thunfisch in Olivenöl
1 Glas kleine Kapern
4 Eigelb
1 Sardellenfilet
weißer Pfeffer aus der Mühle
Saft von 1/2 Zitrone
125 ml Olivenöl

Ensalada de atún

Thunfischsalat

1. Den Reis in einem Topf mit 2 1/2 Tassen kaltem Wasser bedecken, etwas Salz dazugeben. Im geschlossenen Topf kurz aufkochen lassen, danach auf kleiner Flamme ca. 15–18 Minuten quellen lassen. Wenn die Flüssigkeit ganz verkocht ist, den Reis in eine Schüssel geben und ausdampfen lassen.
2. Den Thunfisch aus der Dose nehmen, abtropfen lassen und zerpfücken. Die Kapern in ein Sieb geben und mit kaltem Wasser abspülen. Kapern und Thunfisch zum Reis geben und gründlich miteinander vermengen.
3. Eigelbe, Sardellenfilet, Salz, Pfeffer und Zitronensaft mit dem Mixer verquirlen und das Olivenöl nach und nach dazugeben. Die Majonäse abschmecken und unter den Salat mischen.
4. Den fertigen Salat etwa 1 Stunde im Kühlschrank ziehen lassen.

Gambas al ajo

Garnelen mit Knoblauch

Für 4 Personen

600 g rohe Garnelen
2 rote Chilischoten
8 Knoblauchzehen
200 ml Olivenöl
Salz
schwarzer Pfeffer aus der Mühle

1. Garnelen von der Schale befreien. Mit einem scharfen Messer den Rücken aufschlitzen und den schwarzen Darm entfernen. Unter fließendem kalten Wasser abspülen und trockentupfen.
2. Die Chilischoten längs aufschneiden und entkernen. Vorsicht, sehr scharf! Nicht mit den Händen in die Augen kommen. Knoblauchzehen schälen und in dünne Scheiben schneiden.
3. Olivenöl in einer Pfanne erhitzen. Chili, Knoblauch und Garnelen hineingeben, etwas salzen und pfeffern und bei starker Hitze etwa 3 Minuten braten.
4. Die Knoblauchgarnelen sofort heiß servieren. Um nach dem Essen die Fingerspitzen zu säubern, empfiehlt sich ein Schälchen mit Zitronenwasser und eine Serviette.

Asturien

Von der kantabrischen Küste bis hin zu den Bergkämmen des kantabrischen Gebirges erstreckt sich Asturien mit seiner paradiesischen Flora und Fauna. Lange galt Asturien als arme Region, bewohnt von Bauern, Fischern und Hirten. Zu den Köstlichkeiten des Meeres kommen die Schätze aus den klaren Bergbächen und Flüssen. Forellen und Wildlachs können hier erbeutet werden. Auf ausgedehnten Plantagen reifen Äpfel heran, aus denen die Sidra, ein Apfelwein, gewonnen wird. Beim Einschenken hält man die Flasche traditionell in Kopfhöhe und das Glas am ausgestreckten Arm nach unten. So kann der Apfelwein viel Sauerstoff aufnehmen und sein volles Aroma entwickeln. Ungeübte sollten dieses Ritual aber lieber einem Könner überlassen ...

Eine weitere Spezialität ist der Cabrales, ein Käse, der aus drei Sorten Milch – Rinder-, Schafs- und Ziegenmilch – hergestellt wird. Der Edelschimmelkäse reift in Kalksteinhöhlen und erhält so seinen typischen Geschmack.

Asturien

Für 4 Personen

1 mittelgroßer römischer Salat
8 große gekochte Garnelen
100 g Serrano-Schinken in Scheiben
2 Avocados
4 hart gekochte Eier
125 ml Olivenöl
3 El Rotweinessig
Salz

Ensalada de gambas

Salat mit Garnelen

1. Den Salat putzen, waschen und in mundgerechte Stücke schneiden.
2. Die Köpfe der Garnelen abdrehen, das Schwanzfleisch auslösen und den dunklen Darmfaden entfernen. Den Schinken in Streifen schneiden.
3. Den vorbereiteten Salat auf einer Platte anrichten. Die Avocados schälen, halbieren, den Kern entfernen und in Scheiben schneiden. Zum Salat geben.
4. Die hart gekochten Eier pellen, vierteln und zusammen mit dem Schinken und den Garnelen ebenfalls dazugeben.
5. Aus Öl, Essig und Salz eine Vinaigrette erstellen und unter den Salat mischen. Vor dem Servieren den Salat 10 Minuten durchziehen lassen.

Für 4 Personen

1 Zwiebel
3 Knoblauchzehen
1 Fleischtomate
2 El Essig
Salz
schwarzer Pfeffer aus der Mühle
1 Prise Kreuzkümmel
4 El Olivenöl
500 g Tomaten
1 El gehackte glatte Petersilie

Ensalada de tomate

Tomatensalat

1. Zwiebel und Knoblauch schälen und klein hacken. Mit der klein geschnittenen Tomate in einen Mörser geben und zerstampfen. Mit Essig, Salz, Pfeffer und Kreuzkümmel würzen. Das Olivenöl unterarbeiten.
2. Die Tomaten waschen, abtrocknen und in Stücke schneiden. In eine Salatschüssel geben und mit dem Tomatendressing begießen. Gut untermischen und mit Salz abschmecken.
3. Vor dem Servieren die glatte Petersilie darüber streuen und nochmals alles miteinander vermischen.

Dátiles con bacon

Datteln im Speck

Für 4 Personen

12 Scheiben geräucherter Speck
24 getrocknete Datteln
2 Knoblauchzehen
3 El Olivenöl
schwarzer Pfeffer aus der Mühle
Salz

1. Die Schinkenscheiben halbieren.
2. Die Datteln mit je einer Scheibe Speck fest umwickeln und mit einem Zahnstocher fixieren.
3. Knoblauchzehen schälen und halbieren. In einer Pfanne das Olivenöl erhitzen und die Knoblauchzehen darin anbraten. Darauf achten, dass der Knoblauch nicht verbrennt, da er sonst bitter wird. Knoblauch aus der Pfanne nehmen.
4. Die eingewickelten Datteln im Knoblauchöl goldbraun ausbacken und mit Pfeffer und Salz würzen.

Calamares con habas

Tintenfisch mit dicken Bohnen

Für 4 Personen

500 g kleine Tintenfische, geputzt
3 El Olivenöl
6 Knoblauchzehen
300 g dicke Bohnen
250 ml Gemüsebrühe
1 Tl Majoran
Salz
schwarzer Pfeffer aus der Mühle

1. Tintenfische unter fließendem Wasser abspülen und trockentupfen. Mit den Fangarmen in kleine Portionsstücke schneiden.
2. Das Olivenöl in einem Topf erhitzen und 4 ungeschälte Knoblauchzehen hinzugeben. Die restlichen Zehen pellen und klein hacken. Mit den Tintenfischstücken in das heiße Öl geben. Alles etwa 10 Minuten andünsten.
3. Die ausgelösten Bohnen zufügen und die Brühe angießen. Mit geschlossenem Deckel ca. 20 Minuten köcheln lassen. Falls notwendig, etwas Flüssigkeit nachgießen.
4. Nach der Hälfte der Garzeit den Majoran hinzugeben und mit Salz und Pfeffer würzen. Das Gericht kann auch kalt gegessen werden.

Für 4 Personen

500 g Steinpilze
1 Knoblauchzehe
5 El Olivenöl
3 El glatte Petersilie, gehackt
Salz
schwarzer Pfeffer aus der Mühle

Boletas al ajillo

Steinpilze mit Knoblauch

1. Die Steinpilze vorsichtig abbürsten und der Länge nach in Scheiben schneiden. Die Knoblauchzehe pellen und in dünne Scheiben schneiden.
2. Das Olivenöl in einer Pfanne erhitzen und die Pilze von beiden Seiten goldbraun anbraten. Den Knoblauch und die Petersilie vorsichtig unterheben. Alles mit Salz und Pfeffer würzen.
3. Die Pilze sofort servieren und frisches geröstetes Weißbrot dazureichen.

Kantabrien

Kantabrien, zwischen Asturien und dem Baskenlad gelegen, ist ein fruchtbares Bergland. Grüne Almen, klare Flüsse und fruchtbare Täler mit viel Weideland ermöglichen eine Milchwirtschaft, die beste Produkte hervorbringt. In vielen Bauernhöfen wird auch heute noch von Hand gekäst und gebacken. Eine große Auswahl an Süß- und Cremespeisen steht im Kontrast zu deftigen Eintöpfen und sparsamer Bergküche mit Kohl, Kichererbsen und Speck. In dem milden Klima gedeihen vom Frühling bis zum Herbst Weintrauben und Mandeln. Santander, die Hauptstadt Kantabriens, gilt unter den Feinschmeckern in Spanien als begehrtes Pilgerziel.

Kantabrien

Für 4 Personen

1 kg dicke Bohnen
1 Zwiebel
3 El Olivenöl
200 g Serrano-Schinken
1 Tl Bohnenkraut
Salz
weißer Pfeffer aus der Mühle

Habas con jamón

Dicke Bohnen mit Schinken

1. Bohnen in den Schoten in Wasser aufsetzen und etwa 15 Minuten kräftig kochen.
2. Abgießen und abkühlen lassen, bis man die Bohnen aus den Schoten lösen kann.
3. Die Zwiebel schälen und klein hacken. Olivenöl in einer Pfanne erhitzen und die Zwiebel darin anschwitzen.
4. Den Schinken klein schneiden und mit den Bohnen zu den Zwiebeln geben. Unter ständigem Rühren noch etwa 10 Minuten nachgaren. Mit Bohnenkraut, Salz und Pfeffer würzen.

CASINO
CADAQUES

Fisch und Schaltiere

Sopa de atún

Thunfischeintopf

Für 4 Personen

1 Zwiebel
3 Knoblauchzehen
1 grüne Paprikaschote
150 g Tomaten
500 g Kartoffeln
3 El Olivenöl
Salz
Pfeffer aus der Mühle
1 Döschen Safran
250 ml Weißwein
500 g Thunfisch
200 g altbackenes Weißbrot
1 El frische Petersilie, gehackt

1. Die Zwiebel und den Knoblauch schälen und klein hacken. Die Paprikaschote und die Tomaten waschen, putzen und würfeln. Die Kartoffeln waschen, schälen und in Stücke schneiden.
2. Das Öl in einem Topf erhitzen und die Zwiebel mit dem Knoblauch darin anschwitzen.
3. Das Gemüse hinzugeben, alles mit Salz, Pfeffer und dem Safran würzen. Den Wein angießen und alles 20 Minuten kochen lassen.
4. Den Thunfisch in mundgerechte Stücke schneiden und nach 10 Minuten dazugeben.
5. Das Weißbrot in Stücke würfeln und mit der Petersilie dazugeben. Noch etwa 5 Minuten ziehen lassen. Abschmecken und heiß servieren.

Für 4 Personen

750 g Stockfisch
250 ml Olivenöl
2 Knoblauchzehen
1 Zwiebel
500 g Kartoffeln
1 rote Paprikaschote
500 g Tomaten
Salz
1 El frische Petersilie, gehackt

Ajoarriero

Stockfischragout nach katalanischer Art

1. Den Stockfisch in Stücke brechen und mindestens 24 Stunden wässern. Das Wasser mehrmals erneuern. Danach das Wasser abschütten und den Fisch unter fließendem Wasser gründlich säubern.
2. Die Hälfte des Öls in einem feuerfesten Tontopf erhitzen. 1 Knoblauchzehe schälen und darin anschwitzen. Den Fisch dazugeben und anbraten. Die austretende Gelatine, die der Fisch abgibt, mit dem Olivenöl verrühren.
3. Die restliche Knoblauchzehe, die Zwiebel und die Kartoffeln schälen und in Stücke schneiden. Knoblauchzehe und Zwiebel im restlichen Olivenöl andünsten. Die Kartoffeln dazugeben und alles braten.
4. Die Paprikaschote und die Tomaten waschen, klein scheiden und nach etwa 15 Minuten Garzeit zu den Kartoffeln geben. Alles zusammen noch weitere 10 Minuten braten.
5. Das Gemüse aus der Pfanne nehmen und zu dem Stockfisch geben. Salzen und mit der gehackten Petersilie bestreuen. Noch etwa 15 Minuten garen und direkt im Topf servieren. Dazu schmeckt ein frischer Weißwein.

Baskenland

Das Baskenland, am Golf von Biskaya in Nordspanien gelegen, hat den Ruf, die Feinschmecker des Landes zu beheimaten. Die Basken sind freundliche und freigiebige Menschen und essen angeblich so viel wie drei Südspanier zusammen. Es kann darum nicht verwundern, dass die Kochkunst bei ihnen einen hohen Stellenwert besitzt. Trotzdem ist die Küche eher traditionell und leicht französisch angehaucht. Die Grundsäulen der baskischen Küche basieren auf absoluter Frische und allerbesten Grundprodukten. Eine Besonderheit, und in Spanien ziemlich einzigartig, ist die Vorliebe der Basken für raffinierte Saucen.

Baskenland

Für 4 Personen

2 Zwiebeln
3 El Olivenöl
250 g Tomaten
3 Tl Paprikapulver
4 Knoblauchzehen
Salz
schwarzer Pfeffer aus der Mühle
1 Tl Kreuzkümmel
800 g Paprikaschoten
600 g Fischfilet (z. B. Seehecht, Seelachs, Kabeljau)
2 El Zitronensaft

Sopa de pescado

Fischsuppe

1. Zwiebeln schälen und klein hacken. Olivenöl in einem Topf erhitzen und die Zwiebeln darin anschwitzen.
2. Die Tomaten mit heißem Wasser überbrühen, häuten, halbieren, entkernen und grob zerkleinern. Zu den Zwiebeln geben und bei kleiner Flamme etwa 5 Minuten dünsten. Mit Paprikapulver würzen.
3. Knoblauch schälen und mit einer Knoblauchpresse direkt in den Topf pressen. Mit Salz, Pfeffer und Kreuzkümmel würzen.
4. Paprikaschoten waschen, putzen, das weiße Innere entfernen und in kleine Würfel schneiden. Bis auf ein Drittel unter die Tomaten mischen. Mit 3/4 l Wasser aufgießen und ca. 20 Minuten köcheln lassen. Die Suppe mit dem Mixer pürieren.
5. Die Fischfilets kalt abspülen, trockentupfen und in mundgerechte Stücke schneiden. Mit Zitronensaft säuern, salzen und pfeffern. Die Filets in die Suppe legen. Die restlichen Paprikawürfel in die Suppe streuen und alles bei schwacher Hitze zugedeckt weitere 5 Minuten köcheln lassen.

Frutas J. TOLEDO
Frutas J. TOLEDO
TEULADA
RAYA
FRUTAS
ALICANTE

Zarzuela

Eintopf mit Meeresfrüchten

Da das Gericht etwas aufwändiger ist, empfiehlt sich, eine größere Portion vorzubereiten.

1 kg Tomaten
2 Zwiebeln
6 Knoblauchzehen
1 rote Chilischote
100 g magerer Speck
100 ml Olivenöl
100 g frische Mandeln, gemahlen
2 Döschen Safran oder Safranersatz
1 Tl Thymian
5 Lorbeerblätter
1 Tl Rosmarin (gemahlen)
500 ml trockener Weißwein
1 Tl Pernod
Saft von 1 Zitrone
Salz
schwarzer Pfeffer aus der Mühle
500 g Venusmuscheln
500 g Miesmuscheln
300 g Seeteufel
300 g Seehecht
400 g Tintenfischringe (natur)
6 große, frische Garnelen, geschält
1 Bund glatte Petersilie

1. Die Tomaten einschneiden, mit heißem Wasser überbrühen, häuten, entkernen und in kleine Stücke schneiden. Zwiebeln und Knoblauch schälen und fein hacken. Chilischote waschen, entkernen und in feine Stücke schneiden. Den Speck in kleine Würfel schneiden.
2. In einem feuerfesten Topf das Öl erhitzen. Zwiebeln, Knoblauch und Chilischote anschwitzen, die Schinkenwürfel hinzugeben und mit den Tomaten etwa 10 Minuten köcheln lassen.
3. Mandeln, Safran, Thymian, Lorbeerblätter und Rosmarin dazugeben. Mit Weißwein, Pernod und 1/2 l Wasser aufgießen. Etwas Zitronensaft zufügen und mit Salz und Pfeffer abschmecken. Aufkochen lassen und 15 Minuten bei geschlossenem Deckel köcheln lassen.
4. Die Muscheln unter fließendem Wasser gründlich säubern. Geöffnete Muscheln aussortieren und wegwerfen, sie sind ungenießbar.
5. Venusmuscheln und Miesmuscheln in den Topf geben und so lange mitkochen lassen, bis alle geöffnet sind. Muscheln, die jetzt noch nicht offen sind, aussortieren und wegwerfen.
6. Seeteufel, Seehecht und Tintenfischringe waschen, trockentupfen und mit Zitronensaft säuern. Den Fisch in mundgerechte Portionen schneiden. Die Garnelen am Rücken aufschneiden und den schwarzen Faden entfernen. Alles zusammen in den Topf geben und weitere 10 Minuten bei schwacher Hitze garen.
7. Die Zarzuela mit Zitronensaft abschmecken und mit der Petersilie bestreuen. Die Zarzuela im feuerfesten Topf servieren und frisches Bauernbrot dazureichen.

Für 2 Personen

500 g frische Sardinen
Meersalz
weiße Pfefferkörner, im Mörser grob zerstoßen
200 ml Olivenöl
6 Knoblauchzehen
1/2 Bund glatte Petersilie
200 ml Weißwein
Saft von 1 Zitrone
2 El Semmelbrösel

Sardinas al horno

Sardinen aus dem Backofen

1. Falls noch nicht geschehen, die Sardinen ausnehmen und unter fließendem Wasser säubern. Trockentupfen und innen und außen salzen und pfeffern.
2. Ein Backblech mit Olivenöl auspinseln. Die Fische darauf anordnen und mit dem gehackten Knoblauch und der grob zerzupften Petersilie bestreuen. Reichlich mit Weißwein, Zitronensaft und dem restlichen Olivenöl beträufeln. Die Semmelbrösel darüber streuen.
3. Die so vorbereiteten Sardinen im auf 180 °C vorgeheizten Backofen 18–20 Minuten backen.

Für 4 Personen

4 Seezungen (vom Fischhändler küchenfertig vorbereitet)
Salz
3 El Zitronensaft
100 g Butter
3 El fein gehackte Kräuter (Petersilie, Thymian, Zitronenmelisse, Kerbel)
weißer Pfeffer aus der Mühle
2 El Paniermehl

Lenguados al estilo de Lanzarote

Seezunge nach Lanzarote-Art

1. Die Seezungen salzen und mit dem Zitronensaft säuern.
2. Etwa 50 g Butter in einer Pfanne erhitzen und die Kräuter darin andünsten.
3. Die Seezungen in eine gefettete feuerfeste Form geben und mit der heißen Kräuterbutter übergießen. Mit Pfeffer würzen und etwas Paniermehl darüber streuen. Die restliche Butter in Flöckchen auf den Seezungen verteilen.
4. Die Fische bei starker Hitze 2–3 Minuten braten, dann in dem vorgeheizten Backofen (200 °C) weitere 5 Minuten backen. Die Fische in der Form servieren.

00

Navarra

Navarra

Pamplona, die Hauptstadt der Region Navarra, ist weltweit bekannt durch ihre u. a. von Ernest Hemingway beschriebene, berüchtigte Fiesta zu Ehren von San Fermin, die jedes Jahr mehrere Tage im Juli stattfindet. Im Norden Spaniens gelegen findet man in Navarra einen klimatischen Querschnitt durch fast alle Landschaftszonen Spaniens. Von den bizarren Gipfeln der Pyrenäen her fällt das Land nach Süden hin ab in ausgedehnte Wälder mit Tannen, Eichen und Buchen und geht über in die Halbwüste der Bárdenas Reales. Die baskische, französische und aragonische Küche haben bis heute die Küche in diesem Landstrich beeinflusst. Im fruchtbaren Ebrotal gedeiht vorzügliches Gemüse; Wild und Geflügel bereichern den Küchenzettel auf vielfältige Art. Nicht zu vergessen die „Trucha a la Navarra" (Forelle mit Schinken gefüllt), deren Genuss jedem Feinschmecker zu empfehlen ist. Hervorragende Qualitätsweine gedeihen in Navarra, besonders erwähnenswert die für das Gebiet typischen Rosados, Roséweine.

Dorada a la sal

Dorade in Salzkruste

Für 4 Personen

1 Dorade (ca. 1500 g)
Salz
weißer Pfeffer aus der Mühle
1 El Butter
1 Kräuterbouquet (Rosmarin, Thymian, Petersilie)
3 Eiweiß
1 kg Salz

1. Die Dorade schuppen, waschen, trockentupfen, innen und außen salzen und pfeffern. Die Butter mit dem Kräuterbouquet in die Bauchhöhle geben.
2. Das Eiweiß in einer großen Schüssel steif schlagen und das Salz unterheben.
3. Den Boden einer feuerfesten Form mit der Salzmasse bestreichen. Den Fisch darauf legen und mit der restlichen Salzmasse bedecken. Darauf achten, dass der Fisch von der Salzmasse ganz umschlossen ist.
4. Die Auflaufform in den auf 200 °C vorgeheizten Backofen geben und ca. 40 Minuten backen (je nach Größe des Fisches).
5. Bei Tisch die Salzkruste mit einem Messer öffnen. Die Fischhaut bleibt weitgehend an der Salzkruste kleben.
6. Nun den Fisch auf vorgewärmte Teller portionieren. Dazu passen Runzelkartoffeln (siehe Seite 104).

Alfonsino a la plancha

Alfonsino-Fisch gebraten

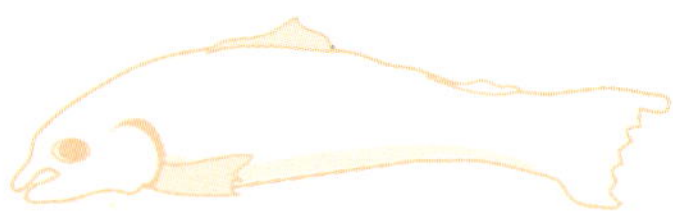

Für 4 Personen

4 Alfonsino-Fische
oder Meerbarben (je 350 g)
Salz
Pfeffer
2 El Zitronensaft
200 ml Olivenöl
4 Knoblauchzehen, klein gehackt
2 El Petersilie

1. Die Fische schuppen, waschen und abtrocknen. Auf jeder Seite dreimal quer einschneiden, salzen, pfeffern, mit 1 El Zitronensaft beträufeln und etwa 10 Minuten ruhen lassen.
2. In einer entsprechend großen Bratpfanne das Olivenöl erhitzen und die Fische von beiden Seiten goldbraun braten.
3. Die Fische auf vorgewärmten Tellern anrichten. Knoblauch, Petersilie und etwas Öl sowie restlichen Zitronensaft darüber geben. Sofort servieren.

Für 4 Personen

20 Sardinen
4 Knoblauchzehen
Salz
Pfeffer

Für die Aioli:

5 Knoblauchzehen
2 Eigelb
300 ml Olivenöl
8 El Zitronensaft
2 El Petersilie, fein gehackt
Paprikapulver

Sardinas con crema de ajo

Sardinen mit Knoblauchcreme

1. Die Sardinen ausnehmen und unter fließendem Wasser waschen und trockentupfen. Jeden Fisch zwei- bis dreimal längs einschneiden, damit er sich beim Grillen nicht wölbt.
2. Den Knoblauch schälen und in dünne Scheiben schneiden. Die Fische innen salzen, pfeffern und mit den Knoblauchscheiben füllen.
3. Ein Backgitter mit Alufolie auslegen und die Fische darauf legen. Im vorgeheizten Ofen bei 250 °C die Fische von jeder Seite etwa 10 Minuten grillen. Aus dem Backofen nehmen, auf einer Platte anrichten und warm stellen.
4. Für die Aioli die geschälten Knoblauchzehen zerdrücken und mit den Eigelben verrühren. Mit einem Mixer aufschlagen und nach und nach das Olivenöl hinzufügen. Mit Zitronensaft, Petersilie, Pfeffer, Salz und Paprika abschmecken.
5. Die Aioli in kleine Schalen füllen und zu den Sardinen reichen.

Trucha al Navarra

Forelle nach Navarra-Art

Für 4 Personen

4 frische ausgenommene Forellen (Bach- oder Regenbogenforellen)
Salz
Pfeffer aus der Mühle
4 Scheiben Serrano-Schinken
Mehl zum Bearbeiten
2 El Olivenöl
2 El gehackte Petersilie

1. Die Forellen unter fließendem kalten Wasser waschen, trockentupfen und innen mit Salz und Pfeffer würzen. Je eine Scheibe Schinken in die Bauchhöhle des Fisches legen und mit einem Zahnstocher verschließen.
2. Die Forellen in Mehl wenden, überschüssiges Mehl abklopfen.
3. In einer Pfanne das Öl erhitzen und die Forellen darin von jeder Seite ca. 5 Minuten goldbraun braten.
4. Aus der Pfanne nehmen und auf Küchenpapier kurz abtropfen lassen. Auf Tellern anrichten und mit der gehackten Petersilie bestreuen. Platzen die Forellen beim Braten auf, so ist das ein besonderes Zeichen von Frische.

Kastilien und Leon

Kastilien und Leon

Kastilien-Leon stellt, fast in der Mitte von Spanien gelegen, das größte Verwaltungsgebiet im Land dar. In der kastilischen Hochebene wird es im Winter bitterkalt und im Sommer flirrend heiß. Die Region ist dünn besiedelt, und die Weite lässt den Blick frei auf die vielen Schafherden, die noch immer das Landschaftsbild prägen. Das weite Land hat kulinarisch eine Gemeinsamkeit: die Braten von Lamm und Spanferkel, möglichst im Holzofen gegart. Einen weiteren wichtigen Bestandteil der Küche stellen die Kichererbsen dar, die hier jahrhundertelang die Mahlzeiten prägten. In Verbindung mit Weißkohl, Wurst und Fleisch werden sie auch heute noch zu schmackhaften Eintöpfen verarbeitet. Der Duero, Kastiliens größter Fluss, spielt für die Hochebene eine wichtige Rolle – sein Wasser mildert das extreme Klima und kommt dem Weinanbau zugute. Weine von Spitzenqualität kommen aus dieser Region, Unico Reserva Especial sowie der Tinto Valbuena zählen zu den besten Tropfen Spaniens.

Für 4 Personen

4 Tintenfische
4 Knoblauchzehen, fein gehackt
Salz
4 El Mehl
3 Eier
Frittieröl
2 unbehandelte Zitronen,
in Scheiben geschnitten

Calamares a la Romana

Tintenfische römische Art

1. Die Tintenfische mit kaltem Wasser abspülen und trockentupfen. Die Körper in 1 cm dicke Ringe schneiden, in eine Schüssel geben, mit Knoblauch und Salz vermengen und etwa 1 Stunde ziehen lassen.
2. Die Tintenfischringe erst in Mehl, dann in verquirltem Ei wenden und im heißen Öl in der Pfanne oder in der Fritteuse ausbacken.
3. Abtropfen lassen und portionsweise mit Zitronenscheiben servieren.

Plato único de atún

Thunfischeintopf

Für 4 Personen

4 Knoblauchzehen
1 Zwiebel
1 rote Paprikaschote
1 grüne Paprikaschote
4 Fleischtomaten
2 El Olivenöl
1 rote Chilischote
Salz
schwarzer Pfeffer aus der Mühle
2 Tl Paprikapulver
500 g mehlige Kartoffeln
250 ml Weißwein
600 g Thunfisch
Saft von 1 Zitrone

1. Knoblauch und Zwiebel schälen und fein hacken. Paprikaschoten putzen, waschen, die weißen Häute und die Kerne entfernen. Die Schoten in dünne Streifen schneiden. Tomaten einschneiden, überbrühen, häuten und grob zerkleinern.
2. Das Olivenöl in einem Topf erhitzen, den Knoblauch und die Zwiebel glasig schwitzen. Paprikastreifen dazugeben und 5 Minuten dünsten.
3. Chilischote waschen, halbieren, entkernen und in feine Streifen schneiden. Mit den Tomaten zusammen in den Topf geben und mit Salz, Pfeffer und Paprikapulver würzen. Gut miteinander verrühren und etwa 10 Minuten bei mäßiger Hitze dünsten.
4. Kartoffeln waschen, schälen und würfeln. Weißwein angießen und die Kartoffeln dazugeben. Alles etwa 25 Minuten köcheln lassen.
5. Den Thunfisch unter fließendem Wasser kalt abspülen, trocknen und in Würfel schneiden. Mit Zitronensaft säuern, salzen, pfeffern und zu dem Gemüse geben. Nochmals weitere 5 Minuten garen lassen. Noch heiß servieren.

Mejillones a la Pilar

Muscheln nach Art Pilars

Für 4 Personen

500 g Miesmuscheln
Salz
1 Zitrone, in Scheiben geschnitten
500 g Kartoffeln
200 g Zwiebeln
1/2 rote Paprikaschote
300 g Tomaten
4 Knoblauchzehen
1 Bund glatte Petersilie
150 g Erbsen
1/2 Döschen Safran
3 El Olivenöl
200 ml Weißwein

1. Die Muscheln waschen, mit einem Messer die Bärte entfernen. Geöffnete Muscheln, die sich nicht wieder schließen, wegwerfen. Die Muscheln in 1 1/2 l Wasser mit etwas Salz und den Zitronenscheiben 10 Minuten kochen. Die Muscheln herausnehmen und abkühlen lassen. Geschlossene Muscheln aussortieren und wegwerfen. Das Muschelfleisch aus den Schalen lösen.
2. Eine feuerfeste Form mit 1/4 l Muschelfond füllen. Die Kartoffeln schälen und in Scheiben schneiden. Die Zwiebeln schälen und klein schneiden. Paprikaschote waschen, die Kerne und die weißen Häutchen entfernen, Tomaten häuten, alles grob würfeln und in den Fond geben. Den Knoblauch schälen und ebenso wie die Petersilie fein hacken. Erbsen, Knoblauch und Safran in die Form geben und so lange kochen, bis die Kartoffeln gar sind.
3. Nun die Muscheln dazugeben und Öl und Weißwein angießen. Mit Salz abschmecken und weitere 10 Minuten köcheln lassen. Vor dem Servieren noch 5 Minuten im Backofen übergrillen und mit der Petersilie garnieren.

Für 4 Personen

2 kg Miesmuscheln
Salz
2 Zwiebeln
3 Knoblauchzehen
4 El Olivenöl
4 Tomaten
200 g schwarze Oliven
3 eingelegte Sardellenfilets
250 ml Weißwein

Mejillones con aceitunas

Muscheln mit Oliven

1. Die Muscheln unter fließendem Wasser gründlich säubern, die Bärte entfernen. Geöffnete Muscheln wegwerfen. In 1 l Wasser mit 1 Teelöffel Salz im geschlossenen Topf etwa 10 Minuten dünsten. Das Wasser abgießen, das Muschelfleisch aus den Schalen lösen und warm stellen.
2. Die Zwiebeln und den Knoblauch schälen, fein hacken und in heißem Olivenöl glasig dünsten. Tomaten einschneiden, überbrühen, pellen und klein schneiden. Die entkernten Oliven und die klein gehackten Sardellenfilets mit den Tomaten dazugeben.
3. Weißwein angießen und die Sauce einkochen lassen. Das Muschelfleisch in die Sauce geben und nochmals erhitzen.

Fleischgerichte

La Rioja

La Rioja, am Oberlauf des Ebro gelegen, verdankt ihren Weltruhm dem Wein, insbesondere dem Rotwein, der zu den bekanntesten Spaniens zählt. Das Klima der Rioja wird durch den Golf von Biskaya und den Atlantik beeinflusst. Ausreichende Niederschläge und gelegentliche Nachtfröste schaffen ideale Bedingungen für große Weine. Die bekannteste und wichtigste Rebsorte ist die Tempranillo, gefolgt von der Garnacha.

Das ausgewogene Klima der Region sorgt für frisches Obst und Gemüse; vor allem Paprika und Spargel wachsen hier in Hülle und Fülle. Schafe, Wild aus den Bergen, Schnecken und Pilze runden das Angebot ab. Die hervorragende Qualität der Produkte hat eine abwechslungsreiche Küche hervorgebracht. Paprikawürste, Ziegenfrischkäse und diverse Gemüsegerichte sind bezeichnend für La Rioja.

La Rioja

Für 4 Personen

1 Kaninchen (ca. 1,5 kg)
Salz
Pfeffer aus der Mühle
40 g Butter
6 El Olivenöl
5 Knoblauchzehen
3 Tomaten
1 Möhre
4 cl Weinbrand
100 grüne und schwarze Oliven

Conejo con aceitunas

Kaninchen mit Oliven

1. Das Kaninchen in Stücke zerteilen, waschen und trockenreiben. Salzen und pfeffern.
2. In einem Bräter Butter und Öl erhitzen, die Knoblauchzehen mit der Schale darin goldgelb anschwitzen und wieder herausnehmen.
3. Die Kaninchenteile in das heiße Fett geben und von allen Seiten anbraten.
4. Die geschälten Tomaten und die in Scheiben geschnittene Möhre dazugeben und mitbraten.
5. Mit dem Weinbrand übergießen und etwa 1 1/2 Stunden schmoren lassen (je nach Größe). Falls nötig, etwas Wasser hinzugeben.
6. Zum Schluss die Oliven zum Braten geben und gut durchgeschmort servieren. Dazu passt frisches Weißbrot und ein Glas Rotwein.

Für 4 Personen

4 Lammhaxen
500 ml Weißwein
2 El Sherryessig
2 Lorbeerblätter
1 Tl Wacholderbeeren
1 Tl getrockneter Thymian
1 Tl getrockneter Rosmarin
1 Tl weiße Pfefferkörner
1 getrocknete Chilischote
3 Knoblauchzehen, grob zerkleinert

Für den Bräter:
125 ml Olivenöl
3 Tomaten, gepellt und gehackt
3 Schalotten, geviertelt
1 Tl Kartoffelstärke

Jarrete de cordero a la Murcia

Lammhaxen nach Murcia-Art

1. Die Haxen abwaschen, gut abtrocknen und in eine Schüssel geben. Aus Weißwein, Essig und den Gewürzen eine Marinade herstellen und über das Fleisch gießen. Mindestens 24 Stunden im Kühlschrank ziehen lassen.
2. Danach das Fleisch aus der Marinade nehmen und gut abtrocknen. Das Olivenöl in einem Bräter erhitzen und das Fleisch von allen Seiten gut anbraten. Die Tomatenstücke und die Zwiebeln zufügen und anbräunen. Etwas von der Marinade angießen und bei geschlossenem Deckel bei schwacher Hitze etwa 1 Stunde köcheln lassen. Gegebenenfalls etwas Flüssigkeit nachgießen.
3. Die Haxen aus der Sauce nehmen und warm stellen. Die Sauce durch ein Sieb passieren und mit der Speisestärke binden. Nochmals kurz aufkochen lassen.
4. Das Fleisch in eine Schüssel geben und mit etwas Sauce übergießen. Restliche Sauce separat reichen. Noch heiß mit Salzkartoffeln servieren.

Für 4 Personen

8 Lammkoteletts
Salz
schwarzer Pfeffer aus der Mühle
250 ml Olivenöl
10 Knoblauchzehen

Chuletas de cordero

Lammkoteletts

1. Die Lammkoteletts von allzu viel Fett befreien, salzen, pfeffern und an den Rändern etwas einschneiden, damit sie sich beim Braten nicht wölben.
2. Das Olivenöl in einer Pfanne erhitzen. Die Knoblauchzehen mit Schale goldbraun braten. Aus der Pfanne nehmen und beiseite stellen.
3. Die vorbereiteten Lammkoteletts von beiden Seiten in der Pfanne nicht zu lange braten. Sie sollten innen noch rosa sein.
4. Die Koteletts mit dem Knoblauch anrichten. Die Knoblauchzehen werden mit der Gabel zerdrückt und auf das Fleisch gestrichen. Dazu reicht man Weißbrot, um den Bratensaft aufnehmen zu können.

Für 4 Personen

750 g Lammfleisch aus der Schulter
125 ml Olivenöl
1 Zwiebel, gehackt
200 g Lammleber, in grobe Stücke geschnitten
2 rote Paprikaschoten, in mundgerechte Stücke geschnitten
1 Chilischote, fein gehackt
125 ml Rotwein
1 Scheibe altbackenes Brot
2 El Thymian
1 Lorbeerblatt
500 ml Gemüsebrühe
Salz
schwarzer Pfeffer aus der Mühle
7 Knoblauchzehen
1 Tl scharfer Paprika
1 El Essig
1 El Sherry
100 g grüne Oliven
100 g schwarze Oliven
1 Bund glatte Petersilie, gehackt

Caldereta extrena

Lammfleischeintopf

1. Das Lammfleisch waschen, von Häuten und Sehnen befreien und in mundgerechte Stücke schneiden. Die Fleischstücke in einem Bräter mit Olivenöl scharf anbraten.
2. Zwiebel, Leber, Paprika und Chilschote dazugeben und gut miteinander vermengen. 5 Minuten schmoren lassen.
3. Den Rotwein angießen. Das Brot zerkleinern und mit Thymian und Lorbeer dazugeben. Mit der Gemüsebrühe auffüllen. Mit Salz und Pfeffer abschmecken und weitere 30 Minuten schmoren lassen.
4. Den Knoblauch mit Paprika und Essig in einem Mörser zerstoßen und in den Bräter geben. Mit Sherry abschmecken und die Oliven dazugeben. Nochmals 30 Minuten köcheln lassen.
5. Den Eintopf noch heiß in tiefen Tellern servieren und mit etwas Petersilie bestreuen.

Cabrito al horno

Zickleinkeule aus dem Ofen

Für 4 Personen

1 Zickleinkeule (ca. 2 kg)
Salz
schwarzer Pfeffer aus der Mühle
250 ml Olivenöl
4 Knoblauchzehen
1 Zwiebel, grob gehackt
2 Tomaten, gehäutet und gewürfelt
3 Lorbeerblätter
2 El Thymianblätter
1 El Wacholderbeeren, grob zerdrückt
250 ml Weißwein
4 cl trockener Sherry
2 El geröstete Pinienkerne, grob gehackt

1. Die Zickleinkeule waschen, häuten und von den Sehnen befreien. Gründlich mit Salz und Pfeffer einreiben.
2. In einem Bräter ausreichend Olivenöl erhitzen und die Keule von allen Seiten kräftig anbraten. Das Fleisch aus dem Bräter nehmen und zur Seite stellen.
3. Die Knoblauchzehen und die Zwiebel im Bräter anschwitzen, die zerkleinerten Tomaten dazugeben und leicht köcheln lassen. Lorbeerblätter, Thymian und die zerdrückten Wacholderbeeren dazugeben.
4. Mit Weißwein und Sherry ablöschen und die Keule wieder in den Bräter geben. Für etwa 1 1/2 Stunden in den auf 180 °C vorgeheizten Backofen schieben.
5. Das Fleisch hin und wieder mit dem austretenden Bratensaft übergießen. Falls zu wenig Fond vorhanden ist, etwas heißes Wasser zugeben. Kurz vor Ende der Garzeit die gerösteten Pinienkerne über die Keule streuen.
6. Vor dem Servieren die Sauce durch ein feines Sieb passieren und separat zum Fleisch reichen. Die Keule erst am Tisch aufschneiden. Als Beilage schmecken Salzkartoffeln und grüne Bohnen.

Aragonien

Aragonien ist auf Grund seiner Lage immer ein Durchzugsland gewesen. Viele Fremde hinterließen ihre Spuren auch in den Kochtöpfen des Landes. Trotzdem ist die aragonische Küche einfach, aber schmackhaft, und überzeugt durch die Qualität ihrer Landesprodukte. Insbesondere Lamm- und Schweinefleisch sowie Obst und Gemüse aus dem Ebrotal bestimmen den Speisezettel. Ein im Ofen gebackener Lammkopf oder der so genannte „Bergspargel" – gebratene Lammschwänze –gehören zu den ausgefallenen Gerichten, die es in Aragonien zu entdecken gilt. Immer gefragt sind die Tapas: Kalt oder warm gegessen, begleitet von einem Glas Sherry oder Rotwein sind sie nicht nur bei den Spaniern beliebt. Als Zwischen- oder Hauptmahlzeit sind der Fantasie der Köche hier keine Grenzen gesetzt.

Aragonien

Für 4 Personen

2 Ochsenschwänze
2 Zwiebeln
3 Möhren
1 Stange Porree
1 El glatte Petersilie, gehackt
1 El Thymian
3 Knoblauchzehen
125 ml Olivenöl
2 Lorbeerblätter
1 Tl Paprikapulver, scharf
1 El Mehl
1 Glas Sherry
schwarzer Pfeffer aus der Mühle
Salz
5 El saure Sahne

Rabo de toro

Ochsenschwanzragout

1. Die Ochsenschwänze in kleine Stücke hacken und unter fließendem Wasser abspülen. Aufrecht in einen Bräter stellen und so viel Wasser angießen, bis das Fleisch bedeckt ist.
2. 1 Zwiebel schälen, Möhren und Porree putzen, waschen und klein schneiden. Mit den Gewürzen zu dem Fleisch geben und kurz aufkochen lassen. Den Topf schließen und 4–5 Stunden köcheln lassen. Hin und wieder sich bildenden Schaum abschöpfen.
3. Den Knoblauch und die zweite Zwiebel schälen und klein schneiden. Olivenöl erhitzen und Knoblauch, Zwiebel, Lorbeerblätter und Paprikapulver darin anschwitzen. Das Mehl hinzugeben und gut miteinander verrühren. Beginnt das Mehl braun zu werden, mit etwas Kochflüssigkeit und Sherry ablöschen. Mit Pfeffer und Salz würzen, kurz aufkochen lassen und vom Herd nehmen. Die saure Sahne dazugeben und gut miteinander verrühren.
4. Das Fleisch aus dem Bräter nehmen, von den Knochen lösen, zu der Sauce geben und gut miteinander vermischen.
5. Auf Teller anrichten und noch heiß mit Salzkartoffeln oder Bauernbrot servieren.

Espalda de cordero de la casa

Lammschulter nach Art des Hauses

Für 4 Personen

600 g Lammschulter, ohne Knochen
Salz
schwarzer Pfeffer aus der Mühle
1 El Thymian
2 große Zwiebeln
1 grüne Paprikaschote
1 rote Paprikaschote
3 Knoblauchzehen
125 ml Öl
200 ml Weißwein
250 ml Gemüsebrühe

1. Die Lammschulter unter fließendem Wasser abwaschen und trockentupfen. Überflüssiges Fett entfernen, salzen, pfeffern und mit etwas Thymian bestreuen. Mit Küchengarn zu einer Rolle binden.
2. Die Zwiebeln schälen und grob würfeln. Paprikaschoten waschen, putzen und entkernen. Ebenfalls in grobe Würfel schneiden. Knoblauchzehen pellen und klein schneiden.
3. In einem Bräter das Olivenöl erhitzen und das Fleisch von allen Seiten anbraten. Das Fleisch aus dem Bräter nehmen. Zwiebeln, Knoblauch und Paprika glasig anschwitzen. Den Weißwein und die Gemüsebrühe angießen und das Fleisch auf das Gemüsebett setzen. Im geschlossenen Topf etwa 1 Stunde schmoren lassen. Hin und wieder wenden, falls nötig Wasser oder Brühe nachgießen.
4. Am Ende der Garzeit ist das Gemüse zu einer sämigen Sauce zerkocht. Fleisch und Sauce mit Pfeffer und Salz würzen. Das Küchengarn entfernen und die Lammschulter in Scheiben aufschneiden. Dazu schmeckt ein kräftiges Bauernbrot und ein Glas Rotwein.

Für 4 Personen

4 Hähnchenbrustfilets
2 Knoblauchzehen
1 Zwiebel
150 g Sellerieknolle
2 Möhren
1 Lorbeerblatt
Salz
2 Eigelb
Saft von 1 Zitrone
125 ml Olivenöl
150 g Thunfisch (aus der Dose)
3 El Kapern
schwarzer Pfeffer aus der Mühle
1/2 Bund Basilikum

Pollo con atún

Hähnchen mit Thunfisch

1. Die Hähnchenbrüste unter kaltem Wasser abspülen, trockentupfen und beiseite stellen.
2. Den Knoblauch und die Zwiebel pellen und klein schneiden. Sellerie und Möhren putzen und grob zerkleinern. Alles zusammen mit dem Lorbeerblatt in einen Topf geben, mit 1/2 l Wasser aufgießen und 15 Minuten köcheln lassen. Den Sud mit 1/2 Tl Salz würzen und die Hähnchenbrüste 15–20 Minuten darin ziehen lassen.
3. Die Eigelbe mit dem Zitronensaft in einen Mixer geben. Olivenöl gleichmäßig zufließen lassen und alles verrühren, bis eine Majonäse entstanden ist. Den Thunfisch zerpflücken und mit den Kapern in der Majonäse verrühren. Falls die Majonäse zu dickflüssig wird, noch etwas von dem Kochsud dazugeben. Mit Salz und Pfeffer abschmecken.
4. Die Hähnchenbrüste in dünne Scheiben schneiden und die Thunfisch-Majonäse darüber geben. Im Kühlschrank für etwa 1 Stunde kalt stellen.
5. Das Basilikum waschen, trockentupfen, fein hacken und kurz vor dem Servieren über Pollo con atún geben.

Für 4 Personen

400 g Lammnieren
2 El Sherryessig
4 El Olivenöl
3 Knoblauchzehen
1 Zwiebel
1 Tl Paprikapulver
1 cl trockener Sherry
Salz
schwarzer Pfeffer aus der Mühle
2 El gehackte glatte Petersilie

Riñonada de cordero con jerez

Lammnieren mit Sherry

1. Die Lammnieren unter fließendem Wasser abwaschen und von Fett und Sehnen befreien.
2. In eine Schüssel legen und mit Wasser und einem Schuss Sherryessig begießen. Etwa 3 Stunden stehen lassen. Nieren herausnehmen und trockentupfen.
3. In einer Pfanne das Olivenöl erhitzen. Knoblauch und Zwiebel schälen, klein hacken und glasig dünsten. Knoblauch und Zwiebeln herausnehmen. Gegebenenfalls etwas Öl nachgießen und wieder erhitzen.
4. Lammnieren mit dem Paprikapulver würzen und von jeder Seite scharf anbraten.
5. Knoblauch und Zwiebel wieder in die Pfanne geben und nochmals erhitzen. Mit dem Sherry ablöschen und 15 Minuten köcheln lassen. Salzen, pfeffern und mit der gehackten Petersilie bestreuen. Noch heiß servieren.

Pinchos morunos

Maurische Fleischspieße

Für 4 Personen

600 g Schweinefilet
1 Tl Kreuzkümmel
1 Prise Cayennepfeffer
2 El mildes Paprikapulver
Salz
schwarzer Pfeffer aus der Mühle
7 El Olivenöl
8 Holzspießchen

1. Das Schweinefilet in Würfel von etwa 2 cm Kantenlänge schneiden.
2. Kreuzkümmel, Cayennepfeffer, Paprikapulver, Salz, Pfeffer und 5 Esslöffel Olivenöl in einer großen Schüssel verrühren. Die Fleischwürfel darin wenden und im Kühlschrank etwa 1 Stunde ziehen lassen. Die Holzspieße mit dem restlichen Olivenöl einpinseln, dadurch löst sich das Fleisch nach dem Garen besser.
3. Fleischwürfel dicht auf die Holzspießchen stecken und auf dem Grill oder in einer Pfanne bei mittlerer Hitze 10–12 Minuten braten, dabei öfters wenden.

Katalonien

Katalonien grenzt im Norden an Frankreich und im Osten an das Mittelmeer. Die Nähe zu Frankreich, ja sogar zu Italien hat hier die Küche beeinflusst. Die geografisch abwechslungsreiche Region gilt als eine der vielseitigsten Küchen Spaniens. Fisch aus dem Mittelmeer, Wild aus den Pyrenäen und Obst aus der Ebene von Ampurdán decken einen großzügigen Tisch. Katalonien ist vor allem für seine Schmorfleischgerichte bekannt. Außer diesen sollten auch die guten Wurstwaren, Käse und Saucen nicht unerwähnt bleiben.

Künstler wie Salvador Dalí oder Pablo Picasso hat es an die Costa Brava gezogen, um hier, vom milden Klima verwöhnt, zu arbeiten oder nur zu leben.

Katalonien

Conejo al estilo morisco

Kaninchen maurische Art

Für 4 Personen

Kaninchen (ca. 1,5 kg)
500 g Zwiebeln
4 Knoblauchzehen
100 ml Olivenöl
Salz
schwarzer Pfeffer aus der Mühle
1 Döschen Safran
250 ml Weißwein
50 g Rosinen

1. Das Kaninchen in 6 möglichst gleich große Portionsstücke zerteilen. Den Backofen auf 160 °C vorheizen. Zwiebeln schälen und in Ringe schneiden. Knoblauchzehen schälen und in dünne Scheiben schneiden.
2. In einem Bräter das Olivenöl erhitzen. Die Kaninchenteile bei starker Hitze von allen Seiten anbraten, kräftig salzen und pfeffern, aus dem Bräter nehmen und beiseite stellen.
3. Zwiebelringe im verbliebenen Bratfett bei schwacher Hitze glasig dünsten und die Hälfte davon herausnehmen. Die Kaninchenstücke in den Bräter auf die Zwiebeln legen. Knoblauch mit den restlichen Zwiebeln mischen und darauf verteilen.
4. Den Bräter zugedeckt in den Backofen (Mitte) stellen und alles etwa 20 Minuten braten. Inzwischen Safran und Weißwein mischen und über die Kaninchenstücke gießen. Die Rosinen darüber streuen, alles weitere 25 Minuten garen lassen. Mit weißem Landbrot servieren.

Für 4 Personen

1 Hähnchen (ca. 1 kg)
4 El Olivenöl
250 ml Weißwein
2 El Zitronensaft
2 El Essig
2 Lorbeerblätter
2 Knoblauchzehen
schwarzer Pfeffer aus der Mühle
4 Wacholderbeeren
1/2 Tl Salz
2 Orangen

Pollo con naranjas

Hähnchen mit Orangen

1. Das Hähnchen unter kaltem Wasser abwaschen und mit einem sauberen Küchenhandtuch abtrocknen. In einem Bräter das Olivenöl erhitzen und das Hähnchen von allen Seiten anbraten.
2. Wein, Zitronensaft, Essig, Lorbeerblätter, Knoblauch, Pfeffer, Wacholderbeeren und Salz in einem Pfännchen zum Kochen bringen und über das Hähnchen gießen. Im geschlossenen Topf etwa 1 Stunde braten.
3. Das Hähnchen in der Marinade abkühlen lassen, in Portionsstücke teilen und kalt, mit Orangenscheiben garniert, servieren.

Cordero de Reyes

Lammkeule auf königliche Art

Für 4 Personen

1 Lammkeule (ca. 2 kg)
250 ml Olivenöl
Salz
schwarzer Pfeffer aus der Mühle
1 El getrocknete Kräuter (Thymian, Rosmarin, Estragon)
4 Knoblauchzehen
500 ml Gemüsebrühe
250 ml Weißwein
2 El Essig
2 El Zitronensaft
750 g Kartoffeln
2 Zwiebeln
4 Tomaten

1. Backofen auf 220 °C vorheizen. Die Lammkeule waschen und abtrocknen. An drei oder vier Stellen mit einem scharfen Messer etwas einschneiden, gut mit Olivenöl einreiben und mit Salz, Pfeffer und der Kräutermischung bestreuen.
2. In eine große, feuerfeste Form platzieren. Den Knoblauch zerdrücken, mit etwas Olivenöl mischen und das Lamm damit beträufeln. Das Fleisch in den Ofen schieben.
3. Die Gemüsebrühe in einem Topf aufkochen, dann nach und nach Weißwein, Essig und Zitronensaft hinzufügen und ein weiteres Mal kurz aufkochen. Etwas von der Flüssigkeit über das Lamm gießen. Den Vorgang jede 1/2 Stunde wiederholen, bis das Lamm gut 1 1/2 Stunden gebacken ist.
4. Währenddessen die Kartoffeln waschen, schälen und in Salzwasser 25 Minuten kochen. Die Kartoffeln abgießen und in Scheiben schneiden. In einer flachen, feuerfesten Schale anrichten, mit Olivenöl bepinseln und mit Salz und Pfeffer würzen.
5. Zwiebeln und Tomaten in kleine Stücke schneiden und mit Pfeffer und Salz würzen. Die Kartoffeln in den Ofen schieben, wenn das Lamm bereits eine 1/2 Stunde geschmort hat. Nach einer weiteren 1/2 Stunde Tomaten und Zwiebeln auf die Kartoffeln geben und 30 Minuten mitschmoren. Die gesamte Mischung vorsichtig an das Lamm geben und alles zusammen 10 Minuten bei etwa 150 °C im Ofen fertig garen lassen.

Carne y verduras al horno

Fleisch und Gemüse aus dem Ofen

Für 4 Personen

1–1,5 kg Beinscheiben
2 mittelgroße Auberginen
1 Zucchini
2 rote Paprikaschoten
2 grüne Paprikaschoten
1 große Gemüsezwiebel
3 Fleischtomaten
5 El Olivenöl
Salz
schwarzer Pfeffer aus der Mühle
1 Tl Paprikapulver, edelsüß
2 cl Weinbrand

1. Das Fleisch kalt abwaschen und trockentupfen. Von Fett und Sehnen befreien und in Stücke schneiden. Von Auberginen und Zucchini den harten Strunk entfernen, Paprikaschoten putzen, Gemüsezwiebel schälen. Das Gemüse in mundgerechte Stücke, die Tomaten in 1,5 cm dicke Scheiben schneiden. Die Zwiebel achteln und auseinander blättern.
2. Eine flache, feuerfeste Form mit 1 Esslöffel Olivenöl ausstreichen. Die Fleischwürfel in die Form legen, salzen, pfeffern und mit Paprikapulver bestreuen. Das Gemüse auf das Fleisch geben und mit den Tomatenscheiben abdecken. Salzen und pfeffern. Mit dem Weinbrand und 4 Esslöffel Olivenöl beträufeln.
3. Den Backofen auf 200 °C vorheizen und die Form 1/2 Stunde hineingeben. Dann auf 175 °C zurückschalten und weitere 2 1/2 Stunden garen. Wenn die Tomatenscheiben anfangen zu bräunen, einmal gut umrühren. Das Gericht kann bedenkenlos auch etwas länger im Ofen geschmort werden.

Escaldums

Geschmorte Pute mit Mandeln

Für 4 Personen

800 g Putenbrust
3 El Olivenöl
1 große Zwiebel, fein gehackt
1 Knoblauchzehe, gehackt
2 El Mandeln, gehackt
1 Lorbeerblatt
2 Tomaten, geschält und in Würfel geschnitten
250 ml Weißwein
250 ml Geflügelfond
Salz
weißer Pfeffer aus der Mühle

1. Die Putenbrust waschen, abtrocknen und in Würfel schneiden. Das Olivenöl in einem Schmortopf erhitzen und das Putenfleisch von allen Seiten darin anbraten. Aus dem Topf nehmen und beiseite stellen.
2. Zwiebel und Knoblauch im Bratfett dünsten, die Mandeln dazugeben und kurz anbraten. Lorbeerblatt und Tomaten hinzufügen, mit dem Weißwein ablöschen und den Geflügelfond hinzugießen.
3. Putenfleisch wieder hineinlegen und mit Salz und Pfeffer würzen. Bei mittlerer Hitze zugedeckt etwa 30 Minuten köcheln lassen.

Für 4 Personen

1 Knoblauchknolle
800 g Schulter vom Rind
1 große grüne Paprikaschote
2 Fleischtomaten
2 große Zwiebeln
2 Möhren
2 Tl Pfefferkörner
1 Döschen Safran
1/2 Tl Zimt
3 El Olivenöl
2 Lorbeerblätter
125 ml trockener Weißwein
5 Kartoffeln, mehlig kochend
Salz
schwarzer Pfeffer aus der Mühle
1 Bund glatte Petersilie

Estofado a la Andaluza

Andalusisches Rindsragout

1. Den Backofen auf 200 °C vorheizen. Zwei Zehen von der Knoblauchknolle abnehmen und die restliche Knolle für etwa 20 Minuten in der mittleren Schiene des Backofens auf dem Rost rösten. Das Fleisch in Würfel von 2 1/2 cm Kantenlänge schneiden.
2. Die Paprika putzen und in schmale Streifen schneiden. Die Tomaten mit heißem Wasser übergießen, schälen und achteln. Die Zwiebeln nach dem Schälen in Halbringe schneiden, die Möhren ebenfalls schälen und in Scheiben schneiden. Knoblauch pellen und mit den Pfefferkörnern in einem Mörser zerkleinern. Safran und Zimt hinzufügen.
3. Den gerösteten Knoblauch aus den Schalen drücken und dazugeben, salzen und das Ganze zu einer Paste verrühren. Fleisch und Gemüse zusammen mit 100 ml Wasser, Olivenöl und Lorbeerblättern in einen großen Topf geben. Den Weißwein dazugießen und zugedeckt bei geringer Hitze ca. 1 1/2 Stunden köcheln lassen.
4. Währenddessen die Kartoffeln schälen und in ebenso große Würfel schneiden wie das Fleisch. Etwa 20 Minuten vor Ende der Garzeit unter das Ragout mischen. Das Ragout abschmecken; die Petersilie fein wiegen und dazugeben.

Estremadura

Die Region liegt im Südwesten des Landes und grenzt an Portugal. Die Landschaft ist geprägt von Kork- und Steineichenwäldern und hat sich bis heute in ihrer Ursprünglichkeit kaum verändert. In dem Gebiet, das größer als die Schweiz ist, leben nur etwa eine Million Menschen. Die Estremadura galt lange als das Armenhaus Spaniens. Die Küche ist ländlich-kräftig und verfügt trotzdem über eine legendäre spanische Delikatesse, den Ibérico-Schinken. Der Schinken stammt vom Iberischen Schwein, welches auf spezielle Art mit Eicheln gemästet wird. Seine schwarzen Klauen, *pata negra,* gelten als Marken- und Qualitätsmerkmal. Man genießt den Schinken am besten pur als Tapa, begleitet von einem Glas Sherry.

Estremadura

Für 4 Personen

3 Schalotten
2 grüne Paprikaschoten
1 kg Lammfleisch (Schulter)
4 El Olivenöl
Salz
schwarzer Pfeffer aus der Mühle
1 Weißbrotscheibe
2 El Rotweinessig
2 Knoblauchzehen
1/2 Bund Petersilie, gehackt
2 Lorbeerblätter
250 ml Weißwein

Cordero al chilidròn

Lammfleisch mit Paprika

1. Die Schalotten schälen und klein hacken. Die Paprikaschoten putzen, die Kerne und die weißen Häutchen entfernen und in Stücke schneiden.
2. Das Fleisch unter kaltem Wasser abwaschen, trocknen und in mundgerechte Würfel schneiden.
3. In einem Bräter die Hälfte des Öls erhitzen und die Zwiebeln darin anschwitzen. Das Fleisch und die Paprikastücke dazugeben und alles anbraten. Mit Salz und Pfeffer würzen.
4. In der Zwischenzeit das restliche Öl erhitzen und die Weißbrotscheibe darin rösten. Herausnehmen und mit dem Essig beträufeln.
5. Die Knoblauchzehen pellen, in kleine Stücke schneiden und zusammen mit der Petersilie, den zerkleinerten Lorbeerblättern und dem gerösteten Weißbrot in einem Mörser zu Mus zerstampfen.
6. Das Mus über das Fleisch geben, Wein und Wasser angießen, bis alles bedeckt ist. Alles etwa 1 Stunde schmoren lassen. Falls nötig, etwas Wasser nachgießen. Noch heiß mit einem kräftigen Bauernbrot servieren. Dazu schmeckt ein Glas kräftiger Rotwein.

Tenera a la Manolo

Kalbsschnitzel nach Art von Manolo

Für 4 Personen

4 Kalbsschnitzel,(je 200 g)
2 El Zitronensaft
Salz
weißer Pfeffer aus der Mühle
3 Schalotten
2 rote Paprikaschoten
3 Tomaten
4 Knoblauchzehen
6 El Olivenöl
250 ml Gemüsebrühe
3–4 Salbeiblätter

1. Kalbsschnitzel abwaschen und trockentupfen. Beidseitig mit Zitronensaft beträufeln, salzen und pfeffern.
2. Schalotten schälen und klein schneiden. Paprikaschoten putzen, die Kerne entfernen und in Stücke schneiden. Tomaten einschneiden, mit heißem Wasser überbrühen, pellen und entkernen. Das Fruchtfleisch in kleine Würfel schneiden und mit den Schalotten und dem Paprika in eine Schüssel geben.
3. Die Knoblauchzehen schälen und dazupressen, alles gut miteinander vermischen und mit Salz und Pfeffer würzen.
4. Die Hälfte des Gemüses in einen Bräter geben und mit etwas Olivenöl und Gemüsebrühe begießen. Die Kalbsschnitzel fächerförmig darauf legen. Mit dem Rest des Gemüses bedecken, dann das restliche Olivenöl und die Gemüsebrühe zugießen. Mit geschlossenem Deckel etwa 45 Minuten köcheln lassen.

Pollo al ajillo

Hähnchen mit Knoblauch

Für 4 Personen

1 Hähnchen (ca. 1,5 kg)
1 Knoblauchknolle
5 El Olivenöl
Salz
schwarzer Pfeffer aus der Mühle
1 Tl Paprikapulver
125 ml trockener Weißwein
3 Lorbeerblätter
1 Bund glatte Petersilie
3–4 Salbeiblätter

1. Das Hähnchen in 8 Teile zerlegen. Die Knoblauchknolle auseinander brechen und grob von den Schalen befreien. Den Backofen auf 150 °C vorheizen.
2. Öl in einem Bräter erhitzen. Hähnchenstücke darin portionsweise hellbraun anbraten.
3. Mit Salz, Pfeffer und Paprikapulver würzen, herausnehmen und beiseite stellen.
4. Knoblauchzehen im Bratfett bei schwacher Hitze andünsten und mit Weißwein aufgießen. Lorbeerblätter hinzugeben und aufkochen lassen.
5. Hähnchenstücke wieder in den Bräter geben und mit geschlossenem Deckel etwa 40 Minuten garen. Petersilie und Salbei waschen, trockenschütteln, grob hacken und über die Hähnchenstücke streuen. Heiß servieren. Dazu frisches Weißbrot mit einem trockenen Weißwein reichen.

Suppen und Eintöpfe

Kastilien – La Mancha

Kastilien – La Mancha

Cervantes hat mit seinem Don Quijote von la Mancha der Region einen Platz in der Weltliteratur gesichert. Es ist ein herbes Land, und es ist lange her, seitdem Wanderhirten mit ihren Schafherden über die Hochebene zogen. Die von der Sonne ausgedorrte und vom Wind gepeitschte Mancha bildete lange Zeit die Grenze zwischen Christentum und Islam. Hier gedeiht eines der wertvollsten Produkte der Welt: Safran. Im Oktober öffnen sich die Krokusblüten und die wertvollen Blütennarben können geerntet werden. Etwa 200 g Krokusblüten werden gebraucht, um 1 g Safran zu gewinnen. Safran entfaltet seinen Geschmack nur in warmen Speisen und wird vor Gebrauch zwischen den Fingern oder besser in einem Mörser zerrieben.

Potaje de berros

Kressesuppe

Für 4 Personen

200 g getrocknete weiße Bohnen
200 g geräucherter Speck, gewürfelt
1 Zwiebel, fein gehackt
7 Knoblauchzehen, gepresst
2 Tomaten, enthäutet und gewürfelt
500 g Kartoffeln, gewürfelt
Salz
Pfeffer
1/2 Tl Kumin
2 Bund Brunnenkresse
1/2 Döschen Safran

1. Die weißen Bohnen über Nacht einweichen. Den gewürfelten Speck in einem Topf auslassen.
2. Zwiebel und Knoblauch dazugeben und anschwitzen. Die Bohnen mit dem Einweichwasser hinzugeben und etwa 1 Stunde leicht kochen lassen.
3. Tomaten und Kartoffeln unterheben und mit Salz, Pfeffer und Kumin würzen. Alles noch weitere 25 Minuten köcheln lassen.
4. Die Brunnenkresse waschen, putzen und von groben Stängeln befreien. Die Kresse klein hacken und mit dem Safran unter die Suppe geben. Noch einige Minuten köcheln lassen und abschmecken. Dazu schmeckt ein Löffel Mojo verde (siehe Seite 108).

Für 4 Personen

10 Scheiben altbackens Weißbrot
5 El Olivenöl
10 Knoblauchzehen
150 g Chorizo
2 Tl Paprikapulver
Salz
weißer Pfeffer aus der Mühle
1 l Gemüsebrühe
4 Eier
3 Tl glatte Petersilie, gehackt

Sopa de ajos

Knoblauchsuppe

1. Das Weißbrot in gleichmäßige Würfel schneiden. Das Olivenöl in einer Pfanne erhitzen und die Brotwürfel darin goldbraun braten.
2. Die geschälten und klein gehackten Knoblauchzehen dazugeben und anbraten. Der Knoblauch darf nicht zu dunkel werden, da er sonst bitter wird. Die Chorizo in feine Würfel schneiden, dazugeben und anrösten.
3. Mit Paprika, Salz und Pfeffer würzen und die Gemüsebrühe angießen. Auf kleiner Flamme etwa 20 Minuten köcheln lassen.
4. Die Suppe auf vier feuerfeste Suppentassen verteilen und in jede Tasse ein rohes Ei gleiten lassen.
5. Im vorgeheizten Backofen (200 °C) etwa 15 Minuten stocken lassen. Die Petersilie einstreuen und die Suppe sehr heiß servieren.

Für 4 Personen

250 g Weißbrot, ohne Rinde
500 ml Gemüsebrühe
500 g Fleischtomaten, geschält, entkernt und grob gehackt
1 Zwiebel, grob gehackt
1 Schlangengurke, geschält, entkernt und grob gewürfelt
1 rote Paprikaschote, geputzt und mundgerecht zerteilt
4 Knoblauchzehen
250 ml Olivenöl
Salz
weißer Pfeffer aus der Mühle
Rotweinessig

Gazpacho

Kalte Gemüsesuppe

1. Das Weißbrot zerpflücken und in eine Schüssel füllen. Mit einem Viertel der Gemüsebrühe begießen und für einige Zeit ziehen lassen. Tomaten, Zwiebel, Schlangengurke, Paprika, Knoblauchzehen und Olivenöl in eine Küchenmaschine geben und mit dem eingeweichten Brot zu einer cremigen Masse mixen.
2. Portionsweise die Gemüsebrühe unterarbeiten. Darauf achten, dass die Gazpacho nicht zu flüssig wird. Mit Salz und Pfeffer würzen, nach Geschmack etwas Essig hinzugeben. Die Gazpacho für mindestens 2 Stunden in den Kühlschrank stellen.
3. Die Suppe in Suppentassen füllen und servieren. Als Beilage reicht man geröstete Weißbrotwürfel, gehackte, hart gekochte Eier oder fein gewürfeltes, rohes Gemüse.

Fabada Asturia

Asturischer Bohneneintopf

Für 4 Personen

200 g getrocknete weiße Bohnen
Salz
2 Schweinefüße
1 Schweineohr
200 g Schweinerippe
100 g geräucherter Speck
3 Kartoffeln

1. Die Bohnen waschen und über Nacht in reichlich Wasser einweichen. Anschließend mit etwas Salz und dem Fleisch 1 Stunde kochen lassen.
2. Die Kartoffeln waschen, schälen und in grobe Stücke schneiden. Zum Fleisch geben und eine weitere 1/2 Stunde kochen lassen.
3. Das Fleisch aus dem Topf nehmen und in mundgerechte Stücke teilen. In tiefen Tellern anrichten und möglichst heiß servieren.

Potaje de garbanzos

Kichererbseneintopf

Für 4 Personen

500 g Kichererbsen
1 Zwiebel
3 Knoblauchzehen
1 Möhre
2 El Olivenöl
2 Lorbeerblätter
Salz
1 l Fleischbrühe
500 g Tomaten
300 g Blattspinat
schwarzer Pfeffer aus der Mühle
3 hart gekochte Eier

1. Kichererbsen über Nacht in kaltem Wasser einweichen.
2. Zwiebel und Knoblauch schälen und fein hacken. Möhre putzen und in Scheiben schneiden.
3. Olivenöl in einem Topf erhitzen, Zwiebeln, Knoblauch und Möhren darin andünsten. Kichererbsen abgießen und mit dem Lorbeer dazugeben. Salzen und die Fleischbrühe angießen. Alles etwa 1 Stunde mit geschlossenem Deckel köcheln lassen. Die Lorbeerblätter entfernen.
4. Die Tomaten einschneiden, überbrühen, häuten und vierteln. Den grünen Stielansatz entfernen. Spinat waschen und grob hacken. Dicke Stängel entfernen. Tomaten und Spinat unter die Kichererbsen mischen, mit Salz und Pfeffer würzen und weitere 20 Minuten köcheln lassen.
5. Die hart gekochten Eier pellen und fein hacken. Den Eintopf nochmals abschmecken und gegebenenfalls nachwürzen. Den Eintopf in Suppentellern anrichten und mit dem gehackten Ei bestreuen.

Madrid

Madrid ist mit etwa fünf Millionen Einwohnern die Hauptstadt des Landes, größte Stadt der Halbinsel und kultureller und wirtschaftlicher Mittelpunkt. Das Bild Madrids ist geprägt von Zuwanderern aus dem ganzen Land, die in der Metropole ihr Glück suchen. Wie in allen Großstädten der Welt gibt es hier alles und jedes, und zwar zu jeder Tages- und Nachtzeit. Madrid ist durchgehend geöffnet. Wer am Morgen noch mit den Nachwehen der vergangenen Nacht kämpft, kann sich in einer der unzähligen Bars oder Kaffeehäuser mit einem Café solo die Lebensgeister zurückrufen. Wem das nicht reicht, der bestellt einen Carajillo, eine Kaffeespezialität, die mit Anisschnaps oder Brandy serviert wird. So gerüstet kann man sich den vielfältigen Sehenswürdigkeiten der Stadt nähern. Angefangen vom Museo del Prado, der Kirche San Antonio de la Florida mit Fresken von Goya – hier befindet sich auch seine Grabstätte – bis hin zu dem Wahrzeichen Madrids, dem Kybelebrunnen auf der Plaza de la Cibeles. Wenn sich dann irgendwann der Hunger meldet, laden die unzähligen Tapabars zum Schlemmen und Verweilen ein.

Madrid

Sopa juliana

Gemüsesuppe

1. Die Bohnen über Nacht in kaltem Wasser einweichen. In 2 l Einweichwasser die Bohnen mit dem Schinkenknochen 1 1/2 Stunden köcheln lassen. Mit Salz, Pfeffer und dem Bohnenkraut würzen.
2. Den Schinkenknochen entfernen und das Gemüse sowie die Wurst zu den Bohnen geben. Alles zusammen noch weitere 30 Minuten köcheln lassen.
3. Nochmals abschmecken und gegebenenfalls nachwürzen. In Suppenschalen heiß servieren.

Für 4 Personen

300 g getrocknete weiße Bohnen
1 Schinkenknochen (vom Serrano-Schinken)
Salz
Pfeffer aus der Mühle
1 El Bohnenkraut
100 g Möhren, geputzt und gewürfelt
500 g Kartoffeln, geschält und gewürfelt
250 g Spitzkohl, geputzt und in Streifen geschnitten
250 g Blumenkohl, geputzt und in Röschen geteilt
2 Chorizos, in Scheiben geschnitten

Für 4 Personen

500 g Linsen
1 Knoblauchknolle
1 Zwiebel
1 Lorbeerblatt
3 Nelken
4 Tomaten
1 gelbe Paprikaschote
3 El Olivenöl
1 Tl Pimentón
1 Prise Kreuzkümmel
3 Kartoffeln
4 Chorizos
Salz
Pfeffer aus der Mühle

Sopa de lentjas

Linsensuppe

1. Die Linsen über Nacht in Wasser einweichen. Die Knoblauchknolle im vorgeheizten Backofen bei 180 °C etwa 15 Minuten anrösten, herausnehmen und abkühlen lassen.
2. Die Zwiebel schälen und mit dem Lorbeerblatt und den Nelken spicken. Tomaten einschneiden, überbrühen, pellen, Kerne entfernen und das Fruchtfleisch grob hacken. Paprikaschote putzen, Kerne entfernen und in Stücke schneiden.
3. Olivenöl in einem Topf erhitzen. Tomaten und Paprika darin andünsten. Pimentón und Kreuzkümmel dazugeben und gut unterrühren. Mit 3/4 l Wasser aufgießen und die Linsen mit der gespickten Zwiebel hinzufügen.
4. Den gerösteten Knoblauch schälen, grob zerkleinern und untermischen. Kurz aufkochen und bei schwacher Hitze 45 Minuten köcheln lassen.
5. Die Kartoffeln waschen, schälen, in kleine Würfel schneiden und etwa 20 Minuten vor Ende der Garzeit zu den Linsen geben. Die Würste in mundgerechte Stücke teilen und 10 Minuten mitköcheln lassen.
6. Kurz vor dem Servieren die gespickte Zwiebel entfernen und alles mit Salz und Pfeffer abschmecken.

Gemüsegerichte

Für 4 Personen

1 kg kleine fest kochende Kartoffeln
6 El grobes Meersalz

Papas arrugadas

Runzelkartoffeln

1. Die Kartoffeln waschen und mit der Schale in einen Topf geben.
2. Wasser hinzufügen, dass die Kartoffeln gerade bedeckt sind. Salz dazugeben.
3. Die Kartoffeln ca. 25 Minuten kochen. Das Wasser abschütten und die Kartoffeln nochmals auf den Herd stellen und ausdampfen lassen. Um ein Anbacken zu verhindern, kann man einen kleinen Teller umgekehrt auf den Topfboden legen.
4. Ist alles Wasser verdunstet, hat sich auf den Kartoffeln eine Salzschicht gebildet. Die Kartoffeln werden mit der Schale gereicht und erst bei Tisch gepellt. Dazu wird eine Mojo, eine kalte, scharfe Sauce, gereicht.

Mojo picón

Scharfe Pfefferschotensauce

Für 4 Personen

7 rote getrocknete Paprikaschoten
8 Knoblauchzehen
3 getrocknete Chilischoten
1/2 Tl Kreuzkümmel
1/2 Tl Meersalz
250 ml Olivenöl
altbackenes Brot
Essig

1. Die Paprikaschoten in warmem Wasser 20 Minuten quellen lassen. Das Wasser abgießen und die Paprika abtrocknen. Paprika, Knoblauch und die Chilis zerkleinern.
2. Alles mit dem Kreuzkümmel in einen Mixer geben, mit Meersalz würzen und zu einer sämigen Paste verarbeiten. Das Olivenöl nach und nach dazugeben.
3. Je nach Konsistenz Wasser oder etwas entrindetes altbackenes Brot dazugeben. Mit Essig abschmecken.
4. In ein Glas abgefüllt und mit Olivenöl bedeckt, hält sich die Sauce im Kühlschrank längere Zeit.

Valencia

Valencia stand lange Zeit unter maurischer Herrschaft. Aus Nordafrika brachten die Mauren Orangen, Zuckerrohr, Mandeln und Reis mit und schufen funktionierende Bewässerungssysteme. Der Reis, der bis heute hier angebaut wird, ist unverzichtbarer Bestandteil der einheimischen Küche. Er ist Grundlage für das wohl berühmteste und bekannteste spanische Gericht, die Paella. Einst als einfaches Reisgericht von Feldarbeitern in der Pfanne auf offenem Feuer gebraten, existiert heute eine Vielzahl der verschiedensten Rezepte. Am bekanntesten ist jedoch sicher die Kombination von Fisch und Meeresfrüchten – natürlich darf eine Prise Safran auch hier nicht fehlen, sei es nur der Farbe zuliebe.

Mojo verde con cilantro

Grüne Sauce mit Koriander

1. Kreuzkümmel, Knoblauch und Meersalz in einem Mörser miteinander vermahlen.
2. Koriander waschen und gut abschütteln, die kleinen Blätter von den Stielen zupfen. In den Mörser geben, unter Rühren nach und nach das Olivenöl dazugeben. Alles zu einer homogenen Paste verarbeiten. Wenn nötig, noch etwas Wasser dazugeben. Mit Pfeffer und Essig abschmecken.

Für 4 Personen

1/4 Tl Kreuzkümmel
4 Knoblauchzehen, geschält
1/2 Tl Meersalz
1 Bund Koriander
200 ml Olivenöl
schwarzer Pfeffer aus der Mühle
Essig

Für 4 Personen

750 g Tomaten
1 Zwiebel
4 El Olivenöl
5 Knoblauchzehen
2 grüne Paprikaschoten
500 g Zucchini
Salz
schwarzer Pfeffer aus der Mühle

Pisto manchego

Geschmortes Gemüse

1. Tomaten einschneiden, überbrühen, häuten und grob zerkleinern. Zwiebel schälen und fein hacken. Olivenöl in einem Topf erhitzen und die Zwiebel darin anschwitzen. Knoblauch schälen, pressen und dazugeben.
2. Paprikaschoten waschen, putzen, Kerne und weiße Häutchen entfernen. Zucchini waschen. Alles in etwa 2 cm große Stücke schneiden, in den Topf geben und kurz anschmoren.
3. Tomaten dazugeben, mit Salz und Pfeffer würzen und im offenen Topf 20 Minuten bei schwacher Hitze köcheln lassen. Die Flüssigkeit sollte möglichst ganz verdampft sein. Das Gemüse kann heiß oder kalt als Beilage, aber auch als Hauptgericht mit Weißbrot gereicht werden.

Für 4 Personen

200 g frischer Blattspinat
750 g Kartoffeln
100 ml Olivenöl
1 Zwiebel
1 rote Chilischote
8 Eier
Salz
schwarzer Pfeffer aus der Mühle
1 Bund Schnittlauch

Tortilla de espinacas

Tortilla mit Spinat

1. Den Spinat waschen, die Stiele entfernen und grob hacken. Die Kartoffeln waschen, schälen und in dünne Scheiben schneiden. Die Hälfte des Olivenöls in einer Pfanne erhitzen, Kartoffeln hineingeben und ca. 15 Minuten braten, bis sie gar sind. Kartoffeln aus der Pfanne nehmen und warm stellen.
2. Zwiebel schälen und klein hacken. Die Chilischote entkernen und ebenfalls fein hacken. 2 Esslöffel Olivenöl in die Pfanne geben und Zwiebeln und Chilischoten andünsten. Den Spinat dazugeben, 3 Minuten dünsten und aus der Pfanne nehmen.
3. Eier in einer großen Schüssel aufschlagen, verquirlen, salzen und pfeffern. Das restliche Öl in der Pfanne erhitzen und die Eimasse stocken lassen. Kartoffeln und Spinatmischung darauf verteilen.
4. Die Tortilla bei schwacher Hitze etwa 10 Minuten in der Pfanne garen. Vorsichtig aus der Pfanne auf eine Servierplatte gleiten lassen und wie einen Kuchen in Stücke teilen. Vor dem Servieren die Tortilla mit Schnittlauchröllchen servieren. Die Tortilla kann warm oder kalt gegessen werden.

Pimientos del piquillo

Geschmorte Paprikaschoten

Für 4 Personen

je 2 rote, grüne und gelbe Paprikaschoten
14 El Olivenöl
6 Knoblauchzehen, gepresst
5 Sardellenfilets
3 El Weißweinessig
Salz
schwarzer Pfeffer aus der Mühle

1. Die Paprikaschoten waschen, vierteln, die Kerne und die weißen Häutchen entfernen.
2. In einer Pfanne 4 Esslöffel Olivenöl erhitzen und die Paprikaviertel auf der Hautseite etwa 10 Minuten anbraten. Aus der Pfanne nehmen und abkühlen lassen. Die Haut abziehen und das Fruchtfleisch in Streifen schneiden. Auf einer Servierplatte auslegen.
3. Die Knoblauchzehen mit einer Knoblauchpresse in eine Schüssel drücken. Sardellenfilets fein hacken und dazugeben. Mit restlichem Olivenöl, Essig, Salz und Pfeffer würzen und alles über die angerichteten Paprikastreifen geben.
4. Die Paprikastreifen über Nacht im Kühlschrank marinieren lassen.

Tortilla Española

Spanisches Omelett

Für 4 Personen

1 kg Kartoffeln
1–2 Zwiebeln
100 ml Olivenöl
Salz
schwarzer Pfeffer aus der Mühle
3 Eier

1. Die Kartoffeln waschen, schälen und in kleine Stücke schneiden. Die Zwiebeln schälen und ebenfalls in kleine Stücke schneiden.
2. Die Hälfte des Olivenöls in einer Pfanne erhitzen, Kartoffelstücke und Zwiebeln darin braten, bis sie weich sind. Achtung! Die Kartoffeln sollten nicht zu braun werden. Alles mit Pfeffer und Salz würzen.
3. Die Eier in einer Schüssel aufschlagen und verquirlen. Den Pfanneninhalt etwas abkühlen lassen und zu der Eiermasse geben.
4. Das restliche Öl in der Pfanne erhitzen, die Tortillamasse hineingeben und bei mittlerer Hitze etwa 8 Minuten stocken lassen. Die Pfanne immer wieder rütteln, damit die Tortilla nicht ansetzt.
5. Die Tortilla mit Hilfe eines Tellers wenden und auf der zweiten Seite braten. Nach etwa 8 Minuten ist die Tortilla fertig.

Balearen

Die gebirgige Inselgruppe, im westlichen Mittelmeer gelegen, umfasst die Inseln Mallorca, Menorca, Ibiza und Formentera. Heute ist jede der Inseln mehr oder weniger eine touristische Hochburg, und typisch einheimische Gerichte sind nur noch selten auf der Speisekarte zu finden. Trotzdem kann man abseits der Vergnügungszentren noch Ursprünglichkeit entdecken, denn die Küche der Balearen ist frisch und einfach. Kartoffeln, Kohl, Tomaten und Zucchini gedeihen hier sehr gut und können mehrmals im Jahr geerntet werden. Eine wichtige Kreation der balearischen Küche ist die weltweit bekannte und bei vielen Gerichten unverzichtbare Majonäse. Sie wurde erstmals in der menorquinischen Hauptstadt Mahón zubereitet und findet sich bei vielen Salaten, Fisch- und Gemüsegerichten, bei kalten und bei warmen Speisen wieder.

Balearen

Reisgerichte

Für 4 Personen

8 Geflügelbrüste
5 El Olivenöl
4 Tomaten
1 Zwiebel
2 Paprikaschoten
5 Knoblauchzehen
400 g Tintenfischringe (TK-Produkt)
500 g Reis
Salz
1 Döschen Safran
300 g Venusmuscheln
300 g Miesmuscheln
300 g Gambas (Garnelen)
12 Kaisergranate
200 g Erbsen (TK-Erbsen oder frische)
Oliven
1 Zitrone, unbehandelt

Paella Valenciana

Paella Valencia

1. Das Geflügelfleisch würfeln, das Olivenöl in einer großen Paellapfanne erhitzen. Die Fleischstücke darin von allen Seiten gut Farbe nehmen lassen.
2. Tomaten, Zwiebel, Paprikaschoten und Knoblauchzehen putzen und in kleine Stücke schneiden. Zu dem Fleisch in die Pfanne geben und alles zusammen etwa 10 Minuten durchbraten.
3. Die aufgetauten Tintenfischringe säubern, in Stücke schneiden und ebenfalls in die Pfanne geben. Den Reis dazugeben und mit so viel Wasser angießen, dass alles leicht bedeckt ist. Die Paella mit Salz und Safran würzen.
4. Die Muscheln unter fließendem Wasser gründlich säubern und die Bärte von den Miesmuscheln entfernen. Die Muscheln auf den Reis geben und etwa 20 Minuten kochen.
5. Die Gambas und die Kaisergranate mit den Erbsen hinzugeben und weitere 10 Minuten offen kochen lassen.
6. Die Paella vom Feuer nehmen und einige Minuten ziehen lassen. Die Aromen entwickeln sich besser, wenn sie nicht ganz so heiß ist.
7. Vor dem Servieren mit den Oliven und den Zitronenvierteln garnieren.

Paella marinera

Paella mit Fisch und Meeresfrüchten

Für 4 Personen

250 ml Olivenöl
12 Gambas
8 Kaisergranate
150 g Garnelen
200 g Tintenfischringe, naturbelassen (TK-Ware)
2 Tomaten, gehäutet und grob gehackt
2 1/2 Tassen Reis
Salz
schwarzer Pfeffer aus der Mühle
1 l Fischfond
1 Döschen Safran
24 Miesmuscheln, vorgegart
2 unbehandelte Zitronen, geviertelt

1. Olivenöl in einer Paellapfanne erhitzen, Schalentiere darin braten. Aus der Pfanne nehmen und beiseite stellen. Tintenfischringe unter kaltem Wasser abspülen, trockentupfen und mit den Tomatenwürfeln in das heiße Öl geben. Den Reis dazugeben, mit Salz und Pfeffer würzen und den Fischfond angießen
2. Safran mit etwas Fischfond verrühren und zu dem Reis geben. Alles etwa 15 Minuten kräftig kochen lassen. Gambas, Kaisergranate, Garnelen und die Muscheln auf dem Reis anrichten und weitere 10 Minuten köcheln lassen. Gegebenenfalls etwas Fond nachgießen.
3. Vor dem Servieren etwas ruhen lassen und mit den Zitronenvierteln dekorieren.

Für 4 Personen

250 ml Olivenöl
4 Knoblauchzehen, gehackt
8 Stangen grüner Spargel, in Stücke geschnitten, Köpfe beiseite legen
1 Zucchini, geputzt und gewürfelt
1 rote Paprika, geputzt und gewürfelt
200 g grüne Bohnen, geputzt und in Stücke geschnitten
100 g Erbsen (TK-Produkt)
4 Artischockenherzen
3 Tomaten, gehäutet und gewürfelt
2 1/2 Tassen Reis
1 l Gemüsebrühe
Salz
schwarzer Pfeffer aus der Mühle
1 Döschen Safran

Paella de verduras

Paella mit Gemüse

1. Das Olivenöl in einer Paellapfanne erhitzen. Den Knoblauch in das Öl geben und darin anschwitzen. Das Gemüse zufügen, leicht anbraten und den Reis zugeben.
2. Die Gemüsebrühe angießen und mit Salz und Pfeffer würzen. Den Safran in etwas Gemüsebrühe anrühren und dazugeben. Etwa 10 Minuten bei starker Hitze kochen. Hitze reduzieren und weitere 10 Minuten köcheln lassen. Gegebenenfalls etwas Brühe nachgeben.
3. Vor dem Servieren die Spargelköpfe dazugeben und das Gericht noch etwas ziehen lassen.

Andalusien

Andalusien, im Süden Spaniens gelegen, war die letzte Provinz, die die Mauren verließen. 800 Jahre maurischer Herrschaft haben Andalusien geprägt wie kaum eine andere spanische Region. Einflüsse finden sich in der Architektur, in der Musik und in der Kochkunst. Auch die Vorliebe für fantasievolle Süßigkeiten hat ihren Ursprung in der arabischen Tradition. In vielen Fällen wurden die Rezepte in den zahlreichen Klöstern bewahrt und so vor dem Vergessen gerettet. Das andalusische Gericht schlechthin ist die Gazpacho, eine kalte Suppe mit Tomaten, Paprika und Knoblauch (siehe Seite 95). In den heißen Sommermonaten eine beliebte Erfrischung, deren Variationsvielfalt jeder Hausfrau überlassen bleibt. Auch der weltberühmte Sherry hat in Andalusien, nämlich in Jerez de la Frontera seinen Ursprung.

Andalusien

Arroz negro

Schwarzer Reis

Für 4 Personen

500 g kleine, frische Tintenfische mit Tintenbeutel
5 El Olivenöl
2 Zwiebeln, gehackt
4 Knoblauchzehen, gehackt
250 ml Weißwein
500 ml Fischfond
300 g Reis
1 Bund Petersilie, gehackt
2 Tomaten, gehäutet und gewürfelt
Salz
schwarzer Pfeffer aus der Mühle
2 El Zitronensaft

1. Die Tintenfische unter fließendem Wasser abspülen und putzen. Tintenbeutel beiseite legen. Fangarme und Körper der Fische klein schneiden.
2. Olivenöl erhitzen, darin die Zwiebeln und den Knoblauch glasig dünsten. Tintenfische dazugeben und den Weißwein angießen. Die Tinte aus den Beuteln drücken und darunter ziehen.
3. Im offenen Topf unter gelegentlichem Umrühren etwa 20 Minuten garen lassen. Fischfond, Reis, Petersilie und gehackte Tomaten dazugeben. Weitere 30 Minuten köcheln lassen. Hat der Reis alle Flüssigkeit aufgesaugt, mit Salz, Pfeffer und Zitronensaft abschmecken.

Arroz con pescado

Reis mit Fisch

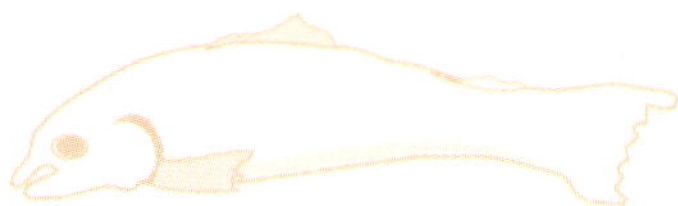

Für 4 Personen

1,5 kg gemischter Fisch (Seehecht, Seeteufel oder Kabeljau), küchenfertig
2 El Zitronensaft
Salz
Pfeffer aus der Mühle
1 Zwiebel, gespickt mit Lorbeerblatt und 3 Gewürznelken
4 El Olivenöl
3 Knoblauchzehen, gehackt
500 g Reis
1/2 Döschen Safran
1/2 Tl Paprikapulver

1. Die Fischstücke waschen, trockentupfen und in mundgerechte Stücke schneiden. Mit Zitronensaft säuern, salzen und pfeffern. Beiseite stellen und 10 Minuten ziehen lassen.
2. Die gespickte Zwiebel in 1 l Wasser zum Kochen bringen und die Fischstücke hineingeben. Die Hitze reduzieren und den Fisch etwa 15 Minuten ziehen lassen. Aus dem Sud nehmen und warm stellen.
3. Das Olivenöl erhitzen, den Knoblauch und den Reis darin anbraten. Den Fischsud angießen und mit Safran, Paprika, Salz und Pfeffer würzen. Etwa 20 Minuten köcheln lassen, bis der Reis alle Flüssigkeit aufgenommen hat.
4. Den Reis und den Fisch auf Tellern anrichten und noch warm servieren.

Desserts

Für 4 Personen

500 ml Milch
1 Vanilleschote
1 Zimtstange
2 Eier
3 Eigelb
80 g Zucker

Für die Karamellglasur:
100 g Zucker
125 ml Wasser

Crema Catalana

Katalanische Creme

1. Die Milch in einen Topf gießen. Die Vanilleschote aufschneiden und mit der Zimtstange in die Milch geben. Alles kurz aufkochen lassen, vom Herd nehmen und zugedeckt ziehen lassen.
2. Die Eier mit den Eigelben und dem Zucker in einer Schüssel zu einer schaumigen Masse aufschlagen.
3. Vanillestange und Zimtstange aus der Milch nehmen. Die Milch unter ständigem Rühren zu der Eimasse geben. Die Schüssel ins heiße Wasserbad stellen und die Creme aufschlagen. Die fertige Creme in Schälchen füllen und abkühlen lassen.
4. Den restlichen Zucker mit dem Wasser in einem Topf so weit reduzieren, bis eine dicke Karamellsauce entsteht. Noch heiß über die Creme geben und erstarren lassen.

Murcia

In der Region Murcia herrscht das ganze Jahr stets mildes Klima und begünstigt den Anbau von Obst und Gemüse. Wie auch in anderen Teilen Spaniens ist die Herrschaft und das Wirken der Mauren noch lebendig. Bewässerungssysteme wurden angelegt, heiße und trockene Gegenden miteinander verbunden und in blühende Gärten verwandelt. Neben Reisgerichten und Eierspeisen sind Süßspeisen wie Feigenbrot (siehe Seite 140) und Walnusskuchen sehr beliebt. Weit über die Region hinaus sind Marmeladen aus Murcia berühmt und begehrt.

Murcia

Churros

Frittiertes Spritzgebäck

Für ca. 20 Stück

1 Prise Salz
300 g Mehl
Olivenöl zum Frittieren
Puderzucker zum Bestreuen

1. In einem Topf 500 ml stilles Wasser mit 1 Prise Salz aufkochen. Den Topf vom Feuer nehmen und das Mehl hineinsieben. Mit dem Mixer die Masse so lange kneten, bis ein dicker Teig entstanden ist. Wenn sich der Teig leicht vom Topfboden löst, ist er fertig.
2. Den Teig mit einem Küchentuch abdecken und 30 Minuten ruhen lassen.
3. In einer Fritteuse das Olivenöl erhitzen. Auf einen Teller Küchenpapier auslegen und in Reichweite stellen.
4. Den Teig in einen Spritzbeutel füllen und die Masse kringelförmig in das heiße Öl geben. Mit einer Schaumkelle herausheben und zum Abtropfen auf das Küchenpapier legen. Die fertigen Kringel mit Puderzucker bestreuen.

Heiße Schokolade

Pro Person 1 Tafel halbbittere Schokolade im Wasserbad schmelzen und in kleine Tassen füllen. Die Churros in die flüssige Schokolade tunken und genießen.

Für ca. 25 Stück

650 g geschälte Mandeln
450 g Puderzucker
3 Eiweiß
7 El Honig
30 geschälte Mandeln zum Garnieren
Klarsichtfolie

Turrón de Barcelona

Mandelnougat

1. Die geschälten Mandeln in einer Pfanne ohne Fett goldgelb rösten. Etwa 50 g Mandeln beiseite stellen.
2. Restliche Mandeln fein mahlen. Puderzucker, gemahlene und ganze Mandeln mit dem Eiweiß in eine Schüssel geben und unterrühren. Nach und nach den Honig einarbeiten. Die fertige Masse auf ein Stück Klarsichtfolie geben und einrollen.
3. Die Folie öffnen und die 30 ganzen Mandeln dekorativ in den weichen Nougat drücken.
4. Die Rolle an einem kühlen Ort abgedeckt etwa 1 Woche trocknen lassen. Vor dem Servieren in Scheiben schneiden.

Für 4 Personen

300 g Mehl
100 g Zucker
200 g Butter
1 Ei
1 Prise Salz
Butter für die Form
700 g Äpfel
2 El Zitronensaft
1 Tl Zimt
Orangengelee zum Glasieren

Tarta de manzanas

Apfelkuchen

1. Aus Mehl, Zucker, Butter, Ei und Salz einen Mürbeteig kneten. In den Kühlschrank stellen und zugedeckt 30 Minuten ruhen lassen. Herausnehmen und den Teig ausrollen.
2. Eine gefettete Springform mit dem Teig auslegen und am Rand hochziehen. Den Boden mit einer Gabel mehrmals einstechen.
3. Äpfel waschen, schälen, entkernen und in Scheiben schneiden. In die Form dachziegelartig einschichten, mit Zitronensaft beträufeln und mit Zimt bestreuen. Im vorgeheizten Backofen bei 200 °C etwa 30 Minuten backen.
4. Den Kuchen aus dem Backofen nehmen, etwas auskühlen lassen und mit dem Orangengelee glasieren.

Tocino de cielo

Engelsküsschen

Für 4 Personen

100 g Zucker
8 Eigelb
abgeriebene Schale von 1 Zitrone, unbehandelt
3–4 Tropfen Orangenöl
Puderzucker zum Bestreuen

1. Den Zucker in einem kleinen Topf mit 125 ml Wasser zu einem dicken Sirup einkochen. Die Eigelbe verquirlen, mit dem Zuckersirup und der abgeriebenen Zitronenschale vermischen.
2. 4 Soufflé-Förmchen mit dem Orangenöl auspinseln. Die Mischung gleichmäßig auf die Förmchen verteilen.
3. In einem breiten Topf 2 Finger breit Wasser einfüllen, zum Sieden bringen und die Förmchen hineinstellen. Den Topf abgedeckt 10 Minuten bei mittlerer Hitze garen. Zur Garprobe mit dem Finger auf die Oberfläche drücken. Die Engelsküsschen sollten auf Druck federnd nachgeben.
4. Die Förmchen aus dem Topf heben, erkalten lassen, stürzen und für 1 Stunde in den Kühlschrank stellen. Zum Dekorieren mit Puderzucker bestreuen.

Arroz con leche

Milchreis

Für 4 Personen

1 Zimtstange
Schale von 1 Zitrone, unbehandelt
150 g Reis
500 ml Milch
150 g Zucker
3 El Sahne
1 Msp. Salz
1 Tl gemahlener Zimt

1. 500 ml Wasser mit Zimtstange und Zitronenschale aufkochen, Reis hinzugeben, weitere 10 Minuten köcheln lassen. Aufgekochte Milch dazugeben, auf ganz niedriger Flamme weitere 10 Minuten kochen lassen, bis der Reis weich ist.
2. Vom Feuer nehmen. Zimtstange und Zitronenschale entfernen. Zucker, Sahne und die Salz dazugeben. Umrühren und abkühlen lassen.
3. Vor dem Servieren mit etwas Zimt überstreuen oder mit Orangenfilets anrichten.

Für ca. 9 Stück

250 g Mehl
1 El Backpulver
1 Prise Salz
125 g Butter
150 g getrocknete Aprikosen
1 Tl Zimt
100 g Zucker
60 g Pinienkerne
50 g Korinthen
Mehl zum Ausrollen
1 Ei
Backpapier

Empanadillas dulces

Süße Teigtaschen

1. Mehl, Backpulver, Salz, Butter und 4 Esslöffel kaltes Wasser zu einem glatten Teig verkneten, etwa 45 Minuten zugedeckt kühl stellen. Die Aprikosen in reichlich Wasser 15 Minuten weich dünsten, in ein Sieb schütten und abtropfen lassen. Aprikosen, Zimt und Zucker vermischen und pürieren. Pinienkerne und Korinthen unter die Aprikosenmasse geben und erkalten lassen.
2. Teig auf einer bemehlten Arbeitsfläche dünn ausrollen, ca. 9 cm große Kreise ausstechen. Die Aprikosenfüllung auf jeweils eine Kreishälfte geben. Das Ei trennen. Den Rand mit Eiweiß bestreichen, überklappen und mit einer Gabel gut andrücken.
3. Die Teigtaschen auf ein mit Backpapier ausgelegtes Backblech legen. Das Eigelb mit 1–2 Esslöffel Wasser verquirlen, Teigtaschen damit bestreichen. Im vorgeheizten Backofen bei 200 °C goldgelb backen.

Kanarische Inseln

Lanzarote, Fuerteventura, Gran Canaria, Teneriffa, La Palma, La Gomera und El Hierro bilden den Archipel der Kanarischen Inseln. Auf den Inseln herrscht durch den Kanarenstrom und die Passatwinde subtropisches Klima, was die Ernte von Bananen, Mangos und Papayas möglich macht. Überhaupt zeichnen sich die Inseln durch ein sehr angenehmes Klima aus, das mehrere Ernten im Jahr begünstigt. Die Küche der Kanaren ist schlicht und bäuerlich. Tomaten, Kartoffeln, verschiedene Kohl- und Kürbisarten werden überall angebaut und zu schmackhaften Eintöpfen verarbeitet. Eine Besonderheit stellt die Zubereitung der Papas arrugadas (Runzelkartoffeln, siehe Seite 104) dar. Ein weiteres typisches und auf die Ureinwohner zurückgehendes Nahrungsmittel ist das Gofio – eine Art Getreideschrot. Gofio wird mit Wasser und Milch verarbeitet und an Stelle von Brot zu den Mahlzeiten gereicht.

Für 4 Personen

1 kg getrocknete Feigen
100 g Haselnüsse, gehackt
100 g Mandeln, gehackt
100 g Walnüsse gehackt
200 g Pistazien
1 Tl Zimt
1 Msp. Nelkenpulver
2 El Zucker
1 Tl geriebene Orangenschale
100 g dunkle Blockschokolade
4 cl Brandy (Osborne)
Backpapier

Pan de higos

Feigenbrot

1. Feigen grob hacken und mit Nüssen, Mandeln, Zimt, Nelkenpulver, Zucker und Orangenschalen gut vermischen.
2. Die Blockschokolade im Wasserbad schmelzen und unter die Masse geben. Den Brandy dazugeben und alles gut vermengen.
3. Eine Springform mit Backpapier auslegen und die Feigenmasse hineingeben. In den Kühlschrank stellen und über Nacht fest werden lassen.

Spanische Küche und Kochkunst

Aioli

Knoblauchcreme, die zu Fisch- und Fleischgerichten gereicht wird. Aioli besteht ausschließlich aus Knoblauch, Olivenöl und Salz.

Bacalao (Stockfisch)

Stockfisch ist in erster Linie gesalzener und luftgetrockneter Kabeljau. Da die Kabeljaubestände in den Meeren sehr zurückgegangen sind, ist Stockfisch relativ teuer geworden. Vor der Zubereitung wird der ausgetrocknete Fisch erst eingeweicht, sprich entsalzt. Der Fisch muss dafür etwa 24 Stunden gewässert werden, wobei das Wasser mehrmals erneuert wird.

Cabrales

Der Edelschimmelkäse wird aus drei verschiedenen Milchsorten, Kuh-, Ziegen- und Schafsmilch, hergestellt. Seinen charakteristischen Schimmel erhält der Käse bei der Reifung in Kalksandsteinhöhlen. Nach drei bis sechs Monaten ist er zum Verzehr gereift.

Cava

Spanischer Schaumwein, der nach der Methode der Flaschengärung hergestellt wird.

Chorizo

Die Paprikawurst ist als Vorspeise oder im deftigen Eintopf nicht wegzudenken. Sie wird geräuchert und besteht hauptsächlich aus Schweinefleisch, aber auch Kalb- oder Eselfleisch kann verarbeitet werden. Chorizo ist die spanische Wurst schlechthin.

Churros

Das Spritzgebäck wird in heißem Öl frittiert und gehört zum spanischen Wochenend-frühstück. Unbedingt dazu gehört eine Tasse heiße Schokolade, um das Gebäck darin einzutauchen.

Empanadas

Die Empanada ist eine Art gefülltes Brot, das man warm oder kalt genießen kann. Die Füllung kann aus Fleisch, Fisch oder Gemüse bestehen, die äußere Hülle entweder aus Brot- oder Blätterteig in runder oder rechteckiger Form. Die Empanada hat ihren Ursprung zweifellos in Galicien und ist wegen ihrer Haltbarkeit eine praktische Mahlzeit für unterwegs.

Schinken

Luftgetrockneter Schinken nimmt in Spanien einen wichtigen Platz bei den Spezialitäten ein. In der gehobenen Kategorie unterscheidet man zwischen dem Bergschinken (Jamón Serrano) und dem Ibérico-Schinken.

Jamón Serrano ist luftgetrockneter Schinken vom weißen Schwein und wird in mehreren andalusischen Gebirgsregionen hergestellt. In der kühlen und überaus sauberen Luft reifen die Schinken in Trockenspeichern mindestens 20 Monate. Einer der besten Schinken kommt aus Trevélez, einem Dorf am Südhang der Sierra Nevada.
Jamon Ibérico wird von einer halbwilden Schweinerasse gewonnen, deren Markenzeichen die schwarzen Klauen (*pata negra*) sind. Die Tiere werden vorwiegend in den Kork- und Steineichenwäldern der Extremadura gehalten. Die Nahrung der Tiere besteht aus Gräsern, Kräutern und Eicheln. Diese natürliche Nahrung verleiht dem Fleisch ein besonderes Aroma und eine feine Fettmaserung. Die Schinken reifen unter Umständen bis zu 30 Monaten, bis sie ihren unverkennbaren Geschmack entwickelt haben.

Sherry

Die Erfindung des Sherrys ist auf die Entdeckung zurückzuführen, Wein unter Zugabe von Weingeist länger haltbar zu machen. Nur Produkte, die aus den Städten Jerez de la Frontera, Sanlúcar de Barrameda und El Puerto de Santa Maria kommen, dürfen diesen geschützten Namen tragen. Sherry wird aus den Rebsorten Palomino Fino, Pedro Ximénez und Moscatel hergestellt. Man unterscheidet acht verschiedene Geschmacksrichtungen, die von trocken bis süß reichen. Die Mindestreifezeit beträgt drei Jahre, wird aber von den meisten Bodegas oft überschritten.

Tapas

Tapas und Sherry sind untrennbar miteinander verbunden, was ein Blick in die Geschichte zeigt: Da man früher gerne in der freien Natur speiste, deckte man das Glas Sherry mit einem Deckel (*Tapa*) zum Schutz vor Insekten ab. Auf den Deckel oder Teller legte man als Beigabe zum Getränk gerne ein paar Stücke Wurst, Käse oder Oliven. Die Tapa war geboren.

Sevilla gilt als Zentrum des Tapa-Kults, doch auch die Bewohner aller anderen Großstädte des Landes fröhnen gerne dieser Leidenschaft. Vom Tomatenbrot über kleine frittierte Tintenfische, marinierte Muscheln bis hin zu gesalzenen Mandeln ist alles erlaubt, was schmeckt. Eine gute Tapa-Bar überzeugt durch ihr vielfältiges Angebot.

Olivenöl

Zwischen November und Februar können die Oliven geerntet werden. Bei der traditionellen Ernte werden sie mit Stöcken von den Zweigen geschlagen und in Netzen aufgefangen. Für besonders hochwertige Öle wird von Hand geerntet. Die Oliven werden nach der Ernte zwischen Granitwalzen zermahlen, so dass das Öl austritt. Kaltgepresstes, unraffiniertes Olivenöl enthält 76 % einfach ungesättigte Fettsäuren und 8 % zweifach ungesättigte Fettsäuren, lebensnotwendige Mineralien, Spurenelemente und Vitamin E. Olivenöl ist in der spanischen Küche wie in allen mediterranen Ländern unbedingter Bestandteil.

Paella

Die Paella ist ursprünglich ein einfaches Gericht der Landarbeiter, die sich mittags auf den Feldern eine schnelle einfache Mahlzeit zubereiteten. In einer runden, flachen Pfanne wurde Reis gegart, der mit Schnecken, Gemüse oder Fleisch, falls vorhanden, ergänzt wurde. Das Nationalgericht der Valencianer ist heute das spanische Gericht schlechthin und in allen möglichen Variationen erhältlich.

Pimentón

Fälschlicherweise auch als „spanischer Pfeffer" bezeichnetes Paprikapulver. Das beste Paprikapulver wird in der Extremadura gewonnen. Die Paprikaschoten werden in der Sonne oder über Feuer getrocknet, von den Stielen befreit und unter Steinrädern gemahlen.

Sangria

Rotweinbowle mit Orangen, Brandy und Mineralwasser. Wird eiskalt serviert und ist sehr erfrischend.

Tortilla

Das beliebte Omelett gibt es in Spanien in allen möglichen Variationen. Als Nationalgericht hat sich die Tortilla Española durchgesetzt, ein von beiden Seiten gebratenes Omelett mit Eiern und Kartoffeln. Statt der Kartoffeln können aber auch Gemüse, Kräuter, Pilze oder Fisch verwendet werden.

Register